Phrases-clés pour l'écrit et l'oral

Wortschatz für Textarbeit und Kommunikation

Caroline von Waitz

Phrases-clés pour l'écrit et l'oral

Wortschatz für Textarbeit und Kommunikation

Ernst Klett Sprachen
Stuttgart

1. Auflage 1 7654 | 2020 19 18 17

Internetadresse: www.klett-sprachen.de

Konzeption: Christoph Wurm
unter Mitwirkung von Valérie Deinert, Stuttgart.

Redaktion: Sylvie Cloeren
Gestaltung und Satz: Satzkasten, Stuttgart
Umschlaggestaltung: Sandra Vrabec
Druck und Bindung: Medienhaus Plump GmbH, Rheinbreitbach
Printed in Germany

ISBN 978-3-12-519568-4

9 783125 195684

Table des matières

1 | Raconter quelque chose – Etwas erzählen

1.1 Situer quelque chose dans le temps présent – Etwas in der Gegenwart datieren

Aujourd'hui,	les moyens de communication sont primordiaux.	heutzutage, heute
Maintenant,		heute, jetzt
À l'heure actuelle,		zur Zeit
Actuellement,		gegenwärtig
Pour l'instant,		im Augenblick
À présent,		zur Zeit
Dans le présent,		in der Gegenwart
En ce moment,		momentan
À notre époque,		zu unserer Zeit
À l'époque où nous sommes,		in der heutigen Zeit
De nos jours,		heutzutage
À partir d'aujourd'hui, nous allons étudier…		von jetzt an

1.2 Situer quelque chose dans le passé – Etwas in der Vergangenheit datieren

Un jour,	j'ai eu un problème.	eines Tages
Récemment,		neulich
Il y a peu de temps,		vor kurzem
Depuis peu,		vor kurzem

Hier,	j'ai fait une expérience incroyable.	gestern
Hier matin,		gestern Morgen
Hier après-midi,		gestern Nachmittag
Hier soir,		gestern Abend
La nuit dernière,		gestern Nacht
Avant-hier,		vorgestern
Avant-hier soir,		vorgestern Abend/Nacht
Le 5 mai,		am 5. Mai

Début	avril,	j'ai rendu visite à mon ami Rémi à Brest.	Anfang
À la mi-			Mitte
Mi-			Mitte
Fin			Ende
En 1996,			im Jahr

À cette époque-là,	Daniel vivait aussi à Boulogne.	zur damaligen Zeit
À cette époque,		damals
À l'époque,		damals

Avant de partir, **Après** être sorti(e),	j'ai prévenu Anne.	vor *(zeitlich)* nach *(zeitlich)*
Daniel m'a appelé(e) **avant que*** je prévienne **(quelque temps) après** avoir prévenu	Anne.	bevor (kurz) nachdem
Cinq minutes / Quelques jours **avant,** **après,** **plus tard,**	j'ai rencontré Daniel à nouveau.	zuvor später später
Tout à coup, **Tout d'un coup,**	j'ai vu Daniel.	plötzlich plötzlich

Für die mit * gekennzeichneten Ausdrücke wird der *subjonctif* verwendet.

Abi

Ce jour-là, **La veille,** **La veille de** mon départ, **Mercredi dernier,**	j'ai fait une expérience incroyable.	an jenem Tag am Vortag am Tag vor am letzten Mittwoch
La semaine dernière, **L'année dernière,** **La semaine précédente,** **L'année précédente,**		letzte Woche im Vorjahr in der Woche davor im Jahr davor
À ce moment-là, **À partir de ce moment-là,** **Dernièrement,**		in diesem Augenblick ab diesem Moment neulich
Jusqu'à maintenant, **Jusqu'à présent,** Ces (dix) **dernières années,**	nous avons étudié…	bis jetzt bis heute in den letzten (…) Jahren
Jusqu'à ce moment-là, je n'avais pas de problème.		bis dahin
Il y a 100 ans, **Il y a longtemps,**	tout allait bien.	vor … Jahren vor langer Zeit
Autrefois, **Avant,** **Dans le passé,** **Naguère,** **Jadis,** **D'antan,** **Depuis,**		früher früher in der Vergangenheit unlängst früher früher seither
Dans les années soixante, les gens faisaient…		in den … Jahren

À l'époque de Napoléon, **Au** XIXe **siècle,** **Avant** la Révolution française, **Le lendemain,** **Le lendemain de son arrivée,** **La semaine suivante,** **Après,** **Peu (de temps) après,**	il quitta le village.	zur Zeit von im … Jahrhundert vor am folgenden Tag am Tag nach seiner Ankunft in der Woche danach danach kurz danach
Après la Révolution française, **(Aussitôt) Après que** la guerre a éclaté,	tout a changé.	nach gleich nachdem
Tout de suite **Immédiatement** **Aussitôt** **avant/après,**	il m'a téléphoné.	kurz davor/danach direkt davor/danach gleich davor/danach
Au début, je n'ai rien compris. **À la fin,** j'ai tout compris.		am Anfang am Ende

1.3 Situer quelque chose dans le futur – Etwas in der Zukunft datieren

Dès que **Quand**	je serai arrivé(e), je le lui dirai, j'ai pensé.	sobald wenn

Il	aura **bientôt** fini. arrive **de suite** ! rentrera **tard.** rentrera **tôt.**	bald sofort spät früh
Demain, **Demain, à cette heure-ci,** **Demain, à cette heure-là,** **Après-demain,**	je parlerai avec Pierre.	morgen morgen um diese Zeit morgen um diese Zeit übermorgen
Vendredi prochain, **La semaine prochaine,** **L'année prochaine, à la même heure,**	je parlerai avec Pierre.	nächsten Freitag nächste Woche nächstes Jahr um diese Zeit
À l'avenir, **Dans les années à venir,**	je ne le ferai plus.	in der Zukunft in den kommenden Jahren
D'ici l'an 2020, nous aurons fini.		bis 2020
Plus tard,	je serai Président.	später

1.4 Pour exprimer la simultanéité – Die Gleichzeitigkeit ausdrücken

Petit à petit, **Au même moment,** **En même temps,**	je me suis calmé(e). il s'est lui aussi calmé.	nach und nach zur selben Zeit zur gleichen Zeit

Pendant que je parlais, Daniel regardait dans toutes les directions. — während
Tant que tu ne te calmes pas, nous ne pourrons rien envisager. — solange

Pendant ce temps, **Entre-temps,** **Pendant ce temps-là,**	Anne est partie.	währenddessen inzwischen unterdessen

Abi

Au (même) moment où **Quand** **Lorsque** **Alors que** **En même temps que**	il a fermé la porte, elle s'est mise à pleurer.	in dem Moment, in dem als als während während
Tandis que je fais mes devoirs, **En faisant** mes devoirs,	j'écoute de la musique.	während, beim während, beim

1.5 Pour exprimer la fréquence et la régularité – Die Frequenz und Regelmäßigkeit ausdrücken

Je me lève	**parfois** **de temps en temps** **souvent** **fréquemment** **généralement** **normalement** **jour après jour** **tous les lundis**	à six heures et demie.	manchmal ab und zu oft, häufig oft, häufig normalerweise normalerweise tagaus, tagein montags

Tous les jours, **Chaque année,** **Chaque semaine,**	je vais à Marseille.	jeden Tag jedes Jahr jede Woche

Je prends	**habituellement** **d'habitude**	mon café à huit heures.	ich pflege zu …, ich … gewöhnlich ich pflege zu …, ich … gewöhnlich

Je me lève	**quelquefois**	à six heures.	manchmal
	habituellement		gewöhnlich
	couramment		oft
	régulièrement		regelmäßig
	en règle générale		in der Regel
	toujours		immer
	chaque jour		jeden Tag
	toutes les deux semaines		alle zwei Wochen
	jamais		nie
	pratiquement jamais		fast nie
	rarement		selten
	uniquement		nur
	seulement		nur
	principalement		hauptsächlich

1.6 Structurer un récit : les mots charnières – Einen Text strukturieren: die Bindungswörter

D'abord,	j'ai pris le métro.	zuerst
Ensuite,	je suis descendu(e) aux Halles.	dann, danach
Après,		dann, danach
Plus tard,		danach, später
Finalement,	nous avons résolu les difficultés.	schließlich
À la fin,		schließlich
Enfin,		endlich
À la fin de la nuit, nous nous sommes mis(es) d'accord.		am Ende
J'ai fini par refuser le projet.		ich habe schließlich
Nous avons parlé dans le café	**jusqu'à** une heure.	bis
	jusqu'à ce qu*'ils ferment.	bis (dass)
Nous reparlerons de l'affaire **jusqu'à ce que*** nous trouvions une solution.		bis (dass)

Für die mit * gekennzeichneten Ausdrücke wird der *subjonctif* verwendet.

Tout d'abord, j'ai pris mon petit-déjeuner.	in allerersten Linie/zuallererst/ zunächst

Avant tout,	je suis parti(e) au travail.	vor allem
En premier lieu,	je suis rentré(e) à la maison.	zuerst
Premièrement,		erstens
Immédiatement après,		unmittelbar darauf
Deuxièmement,		zweitens
En deuxième lieu,		zweitens
Troisièmement,		drittens

Puis,	il faut énumérer et classifier les thèmes.	dann
En outre,		außerdem
D'ailleurs,		übrigens
Or,		nun

Non seulement	il faut les énumérer	**, mais**	il faut **encore** les classifier.	nicht nur…, sondern auch
D'une part		**, d'autre part,**		einerseits…, andererseits

Par ailleurs,	je pense qu'il faudrait **prendre en considération** ce point de vue.	übrigens; berücksichtigen
À propos,		übrigens
De plus,		außerdem

Je pense qu'il faudrait	**encore**	prendre en considération ce point de vue.	noch
	également		auch
	aussi		auch
	quand même		doch
	tout de même		doch

Il faut ajouter que ce fait n'a pas d'importance sur la suite de l'histoire.	es kommt hinzu, dass

2 | Exprimer des opinions – Meinungen ausdrücken

2.1 Demander son opinion à quelqu'un – Jemanden nach seiner Meinung fragen

Quelle **opinion avez**-vous sur ce problème ? / cette affaire ?	meinen
Quelle est votre **opinion** / **avis** sur ce problème ? / cette affaire ?	Meinung / Meinung
Que **pensez**-vous de ce problème ? / cette affaire ?	denken
Comment vois-tu la chose à propos de ce problème ? / cette affaire ?	wie siehst du die Sache
Cela m'intéresse de savoir **ce que vous pensez**.	was Sie denken
Que diriez-vous de lire un livre ?	was halten Sie von
Partagez-vous cette opinion ?	teilen
Êtes-vous d'accord avec Jérôme ?	sind Sie einverstanden mit
Êtes-vous **de la même opinion que** / **du même avis que** l'auteur ?	sind Sie derselben Meinung wie / sind Sie derselben Meinung wie
Justifiez votre réponse.	begründen Sie
Justifiez votre opinion **en donnant** / **en utilisant** des exemples.	indem Sie geben / indem Sie benutzen
Y-a-t-il d'autres **alternatives** ?	Alternativen
Quelles sont les autres **possibilités** ?	Möglichkeiten
L'idée vous paraît-elle réaliste **ou plutôt** utopique ?	oder eher
Comment ce problème peut être / pourrait-il être **résolu** ? / **solutionné** ?	gelöst / gelöst
Quelle **solution** pourrait-on trouver à ce problème ?	Lösung

2.2 Défendre et soutenir sa propre opinion – Die eigene Meinung ausdrücken und begründen

À mon avis, / **Je suis d'avis que** les arguments sont intéressants.	meiner Meinung nach / ich bin der Meinung, dass, / ich stehe auf dem Standpunkt, dass
Je suis d'avis que l'auteur parle de lui-même.	ich bin der Meinung, dass

Il me semble que **Je pense que**	la situation est difficile.	mir scheint ich meine

Je ne crois pas que* **Je ne pense pas que***	la situation soit facile.	ich glaube nicht ich denke nicht

* Nach Verben und Ausdrücken des *Denkens* und *Meinens* steht der *subjonctif*, wenn diese verneint gebraucht werden. In bejahten Sätzen dagegen steht der Indikativ.

Je pense que c'est	**bien** **mal**	que* l'auteur prenne compte de…	gut schlecht

* Nach Verben und Ausdrücken der *Wertung* und *Gefühle* steht der *subjonctif*.

Pour moi, **Je suppose que**	l'auteur ne connait pas bien le problème.	für mich ich vermute, dass

Je suis sûr(e) qu'il y a une solution.	ich bin sicher
C'est vraiment important. **Il ne faut pas** l'oublier.	es ist wirklich man darf nicht

À vrai dire, **Pour parler ouvertement,** **Pour être franc(he),** **Pour parler honnêtement,** **Pour être honnête,**	je ne pense pas que cela soit aussi important.	offen gesagt, eigentlich offen gesagt offen gesagt ehrlich gesagt ehrlich gesagt

Pour résoudre le problème, **il faudrait** faire plus de recherches.	müsste man

Je ne	**vois** **trouve**	pas d'autre	**solution** **moyen** **alternative**	que d'**adopter** que de **prendre**	**des** **mesures.**	sehe; Lösung finde; Mittel Wahl; Maßnahmen ergreifen Maßnahmen ergreifen
				que de **réaliser** ces projets.		verwirklichen

Il est	**nécessaire** **urgent**	de trouver	de nouvelles idées. des alternatives.	nötig dringend

Il faut absolument que* **Il est indispensable que***	nous rencontrions	des responsables.	es ist unbedingt erforderlich es ist unumgänglich
	nous trouvions une **possibilité pour résoudre le problème.**		Lösungsmöglichkeit

* Nach Verben und Ausdrücken der *Forderung* und *Notwendigkeit* steht der *subjonctif*.

Il est **nécessaire** / **important** d'avoir une grande diversité d'opinions.	nötig wichtig
Le mieux est / serait d'organiser plus d'entrevues.	das Beste
Il n'y a pas de doute là-dessus : le problème n'a pas de solution. **En effet,** le problème n'a pas de solution. **En vérité,** le problème n'a pas de solution. **Certes,** le problème n'a pas de solution.	darüber gibt es keinen Zweifel tatsächlich in Wirklichkeit klar *(ist, dass)*
Ce qui compte, / **importe,** c'est de respecter / c'est le respect de la liberté d'opinion. **La seule chose qui compte,** c'est de respecter / c'est le respect de la liberté d'opinion.	worauf es ankommt worauf es ankommt das Einzige, worauf es ankommt
Selon mon opinion, ce projet **aurait pu** être réalisé plus rapidement. **Pour ma part,** ce projet **aurait pu** être réalisé plus rapidement. **Je suis sûr(e)/certain(e) que** / **persuadé(e) que** ce projet **aurait pu** être réalisé plus rapidement.	meiner Meinung nach meiner Meinung nach; hätte … können sicher überzeugt
À mon avis, ce projet **aurait pu** être réalisé plus rapidement. À mon avis, ce projet **n'est d'aucune utilité.**	hätte … können ist unbrauchbar
Par-dessus le marché, quelques analystes **préconisent** d'investir dans l'or. **sont favorables à** un tel investissement. **recommandent** d'investir. **suggèrent** de faire des placements dans le métal précieux.	obendrein; befürworten befürworten empfehlen schlagen vor
Comme Paris est devenu une ville cosmopolite intéressante, elle continuera à être appréciée par les visiteurs étrangers.	da
Paris est ma métropole préférée **parce que** c'est une ville où la tradition et le progrès cohabitent côte à côte.	weil
Je pense que cette suggestion est **pleine d'avenir.** cette proposition est **excellente.** ce projet est **réalisable.** cette décision est **prudente.**	zukunftsorientiert ausgezeichnet durchführbar vorsichtig
Je ne pense pas que* cette idée soit **raisonnable.** les démarches **aboutissent** *(subj)* **avec succès.**	vernünftig erfolgreich werden
Autant que* je sache, son discours (n') est (pas) **cohérent** avec ses intentions.	so viel ich weiß; (un)vereinbar

2.3 Commenter le point de vue de quelqu'un – Die Meinung eines anderen kommentieren

(Siehe auch
6.2 L'évaluation des points de vue – Beurteilung, S. 33
12.2 Commenter le point de vue de l'auteur – Die Meinung des Autors kommentieren, S. 85)

Tu (n') **as** (pas) **raison**.	du hast Recht
Tu (n') **as** (pas) **tort**.	du hast Unrecht
Je (ne) **suis** (pas) **de votre avis.**	ich bin Ihrer Meinung
Je (ne) **suis** (pas) **d'accord avec** / **du même avis que** vous.	ich bin einverstanden mit ich bin derselben Meinung
J'ai (Je n'ai pas) **la même opinion que** / **Je suis d'une autre opinion que** vous.	ich bin derselben Meinung ich bin anderer Meinung
Ce sont **les raisons pour lesquelles** la thèse est convaincante.	die Gründe, weshalb
Ce sont des raisons qui me paraissent peu **convaincantes**. / qui **me convainquent**.	überzeugend überzeugt mich
Je (ne) **partage** (pas) cette opinion.	teile
J' (Je n') **accepte** (pas) ses raisons.	akzeptiere
Je (ne) perçois / vois (pas) **les choses** comme toi.	sehe die Dinge sehe
À la différence de ce que vous dites, je pense plutôt que…	im Unterschied zu
… **cela ne concerne pas le sujet.** … **cela n'a rien à voir.**	gehört nicht zur Sache hat (gar) nichts damit zu tun
Cet **argument** n'est pas **concluant**.	Argument; stichhaltig
C'est **imprécis.** / **inexact.**	ungenau ungenau
L'argumentation / L'argument **ne me convainc pas (du tout)**.	Argumentation überzeugt mich (gar) nicht
Je ne partage pas complètement / **absolument pas** ces idées.	ich teile … nicht ganz überhaupt nicht
Pour justifier ta thèse, tu as défendu / **énoncé** deux **arguments**.	um deine These zu begründen angeführt; Argumente
Abi	
Sur ce point, / **Dans ce domaine-là,** nos avis **concordent** parfaitement.	in diesem Punkt in diesem Punkt übereinstimmen

Je **serais plutôt d'avis qu'*** il prenne une autre décision.		wäre eher der Meinung, dass
Je **soutiens** solidement / **rejette** fermement	votre avis à ce sujet.	unterstütze / lehne ab
Je **repousse** tout à fait **cette perspective.**		weise diese Perspektive zurück
Je **refoule l'idée de** faire autrement.		weise die Idee ab
Je **désapprouve catégoriquement** ce qu'il vient de dire.		lehne kategorisch ab
Je **réprouve complètement son comportement.**		heiße das Benehmen auf keinen Fall gut
Je **réfute** cette thèse incroyable.		lehne ab

Je **trouve** **injuste** / **insupportable**	qu'*il réagisse de cette façon-là.	finde; unberechtigt / unerträglich
Je **suis contre l'idée selon laquelle** il faudrait changer le programme.		bin gegen die Idee

J'accepte / Je **conçois**	qu'*il préfère être discret sur cette question.	stimme zu / räume ein
C'est pourquoi, / **Voilà pourquoi,**	je m'oppose à **accepter** ce projet.	deswegen; annehmen
	je **ne trouve pas que*** cette position **soit persuasive.**	deswegen; finde nicht überzeugend
Je ne sais pas **si**	ce projet est réalisable **ou s'**il n'est qu'une illusion.	ob… oder ob…
	cette **proposition** peut être mise en pratique.	Vorschlag
Je ne peux pas **prendre** votre idée **au sérieux.**		ernst nehmen
Je trouve qu'il est faux de dire qu'il n'y a pas de solution au problème.		es ist falsch, dass

Für die mit * gekennzeichneten Ausdrücke wird der *subjonctif* verwendet.

En y regardant de plus près, nos deux **manières de penser** ne sont pas	**comparables.** / **compatibles.**	näher betrachtet; Denkweisen; vergleichbar / vereinbar
Je **doute** des conséquences du projet présenté.		bezweifle
Ce projet présente plus d'**avantages** que de **désavantages.**		Vorteile; Nachteile
Le **but principal** / Le **vrai problème**	**consiste à** apporter des solutions.	Hauptziel; besteht darin / eigentliche Problem
Cela implique de trouver des explications auprès des personnes.		das setzt voraus, dass
Selon moi, cette **objection** ne tient pas debout.		Gegenargument

2.4 Le pour et le contre – Das Für oder Wider

Expressions courtes pour un dialogue

Le pour		Le contre	
C'est juste.	Genau.	Non, **ce n'est pas vrai.**	Das ist nicht wahr.
C'est exact.	Richtig.	Non, **ce n'est pas juste.**	Das stimmt nicht.
C'est vrai.	Das stimmt.	**C'est complètement faux.**	Das stimmt überhaupt nicht.
Oui, bien sûr.	Ja, natürlich.	**Surtout pas.**	Auf keinen Fall.
Cela va de soi.	Selbstverständlich.	**En aucun cas.**	Auf gar keinen Fall.
C'est évident.	Selbstverständlich.		
Bien entendu.	Selbstverständlich.		
Bien, mais…	Ja, aber …		

Expressions orales et écrites

Le pour		Le contre	
Tu as raison.	Du hast Recht.	**Tu as tort.**	Du hast Unrecht.
Je suis du même avis que toi.	bin deiner Meinung	**Je ne suis pas du même avis que vous.**	ich bin nicht Ihrer Meinung
Je suis du même avis qu'elle.	ihrer Meinung		
Moi aussi, je **pense comme cela.**	denke genauso	Je **ne pense pas comme cela.**	denke nicht so
Je **pense la même chose.**	denke genauso	**Ce n'est pas ce que je pense.**	meine dies nicht
Il est vrai que + *ind* *	es ist wahr	**Il n'est pas vrai que** + *subj* *	es ist nicht wahr
Il est sûr que + *ind* *	es ist sicher	**Il n'est pas sûr que** + *subj* *	es ist nicht sicher

* Zum Modus bei Verben und Ausdrücken des *Denkens* und *Meinens*, siehe S. 15

2.5 Exprimer une indécision ou une indifférence – Eine Unentschlossenheit oder eine Gleichgültigkeit ausdrücken

Je n'ai **aucune opinion sur** ce sujet.		keine Meinung; diesbezüglich
Je n'ai **pas grand-chose à dire à** ce sujet.		nicht viel zu sagen
Je ne **me** suis pas vraiment **fait une opinion claire.**		keine deutliche Meinung gebildet
Cela	m'**est égal.**	ist egal
Cela	ne me **concerne** pas.	betrifft
Cela	me **laisse** complètement **indifférent(e).**	lässt unberührt
Je **ne comprends rien** à cette affaire.		verstehe nichts

3 | **Définitions** – Wörter erklären

Que **signifie** commencer ?	bedeutet
Le mot « commencer » est (un) **synonyme** de « débuter ».	Synonym
Le mot « commencer » **signifie la même chose que** « débuter ».	ist gleichbedeutend mit
Le mot « commencer » a la **même signification** que « débuter ».	gleiche Bedeutung
Le mot « commencer » est un **antonyme** de terminer.	Antonym
Le mot lion **désigne** un animal.	bezeichnet
Le mot… / Le terme… **peut être défini** de la façon suivante :	kann man definieren
Le mot… / Le terme… **se réfère à…**	bezieht sich auf
Le mot… / Le terme… a d'autres **sens dérivés**.	(Teil-)Bedeutungen
Le mot… / Le terme… a d'autres **significations**.	(Teil-)Bedeutungen
La signification de ce mot **dépend du contexte**.	hängt vom Kontext ab
La signification de ce **terme** dépend du contexte.	Begriff
Ce **néologisme** n'est pas encore dans le dictionnaire.	Neologismus, neues Wort
Le mot récré est l'**abréviation** de récréation.	Kurzform
Le mot fillette est le **diminutif** du mot fille.	Verkleinerungsform

Pris dans ce contexte, le mot… signifie…	in diesem Zusammenhang
Vous pouvez **consulter le mot** dans le dictionnaire.	nachschlagen
Vous pourrez essayer de **deviner le sens.**	die Bedeutung erraten
Vous pourrez essayer de **retrouver** la signification du mot dans le contexte.	erschließen
La signification juste du mot **dépend du contexte** où il est utilisé.	hängt vom Zusammenhang ab
Il n'existe pas de **différence dans la signification** entre les mots « commencer » et « débuter ».	Bedeutungsunterschied
Il est important de comprendre **ce que l'on veut dire avec l'utilisation de l'expression.**	mit dem Ausdruck; gemeint
Un synonyme est un mot qui a **le même sens**.	gleiche Bedeutung

Abi

Un **antonyme** désigne un mot qui a un sens opposé à un autre mot.	Antonym
« Commencer » **signifie le contraire de** « finir ».	bedeutet das Gegenteil von
L'adjectif « vieux » **possède deux antonymes possibles** : « nouveau » et « jeune ».	besitzt zwei mögliche Antonyme
« Commencer » est utilisé dans le **langage courant.**	Umgangssprache
« Commencer » est utilisé pour la **langue officielle.**	formelle Sprache
« Commencer » est utilisé **moins fréquemment** que le verbe « débuter ».	weniger häufig
L'adjectif « douteux » est seulement utilisé dans la **langue non formelle.**	informelle Sprache
Une **connotation** est une signification supplémentaire suggérée par un mot.	Konnotation
Une **connotation** donne une **valeur particulière** à un mot en plus de sa signification première.	Sonderwert
Par exemple, des mots argotiques ont souvent des connotations **obscènes**.	obszön
Le mot « maison » ne **connote** rien de particulier.	konnotiert
Par contre, le mot « foyer » **suggère** une idée de chaleur.	suggeriert
« Nourriture » est le **terme générique** pour désigner des choses que l'on mange.	Oberbegriff
Le mot « bouffe » est un **argot** pour désigner la nourriture en général.	Slang
Le mot « bouffe » est un mot **dérivé de l'argot**.	aus dem Jargon abstammend
La **sémantique** est l'étude scientifique du **sens des mots** utilisés dans un texte.	Semantik; Bedeutung
L'étude **syntaxique** est l'étude des **structures des phrases** et des règles grammaticales.	syntaktisch; Aufbau

4 | Se référer à un texte et en citer des passages – Auf einen Text verweisen und daraus zitieren

Ici		**on trouve…**	steht
À la ligne 12,			in Zeile
À la **dernière**	ligne,		letzten
À l'**avant-dernière**			vorletzten

Dans le premier	**chapitre,**	…	Kapitel
Dans le second	**paragraphe,**		Absatz
Au troisième	**vers,**		Vers

Dans la seconde **colonne,**				Spalte
Aux pages 8 à 12,				auf den Seiten
	l'**auteur**			Autor
	l'**auteure**			Autorin
		parle de	la situation actuelle.	spricht von
		se réfère à		bezieht sich auf
		mentionne		erwähnt
		fait mention de		erwähnt
		fait allusion à		spielt an auf
		aborde le sujet de		schneidet das Thema an
		qualifie la situation actuelle **de** dangereuse.		bezeichnet als
		se demande si la situation est dangereuse.		fragt sich ob

L'auteur se réfère à	cet **aspect**	aux lignes 5 à 9.	Gesichtspunkt
	ce **cas particulier**		Gesichtspunkt

Il y a une **citation**	**révélatrice**	dans ce paragraphe.	aufschlussreiches Zitat
	décisive		entscheidend
	importante		wichtig

Je me réfère aux pages 8 à 12	déjà citées.		ich beziehe mich auf
	mentionnées	**plus haut.**	oben genannt
		plus bas.	unten genannt

Selon	l'auteur,		zufolge
D'après	l'auteure,		zufolge
		il s'agit d'un fait important.	handelt es sich um

Le **sens** des vers 8 à 12 est :	Sinn

L'auteur mentionne ce problème	**à la fin de**	son article.	am Ende von
	au début de		am Anfang von

Voir	les lignes 31 et 32. les autres articles de l'auteur. de la ligne 15 à la ligne 20. le dernier livre de l'auteur.	siehe

Abi

Ainsi que **Comme**	l'écrit l'auteur, nous vivons de plus en plus dans une société de consommation.	gemäß gemäß

Comme le **préconise** l'auteur, il faut réajuster les moyens aux nouvelles situations.	empfiehlt
Je **m'appuie sur** les mots employés par l'auteur comme… et… à la ligne X.	beziehe mich auf
L'**expression** « … » **utilisée par** l'auteur montre qu'il attache beaucoup d'importance à cette remarque.	Ausdruck; benutzt
L'adjectif « … » nous **signale** déjà **que** l'auteur ne changera pas d'avis.	weist darauf hin
L'auteur **qualifie** le personnage **de** « colérique » ce qui montre son antipathie envers le personnage.	bezeichnet als
Il **intègre** même **une citation** d'un homme littéraire dans son œuvre pour **fonder son raisonnement**.	führt ein Zitat ein; seine Gedankenführung begründen
L'écrivain **illustre** son point de vue en citant plusieurs **sources** d'informations.	verdeutlicht; Quellen
Peux-tu me donner la **ligne de référence** et l'**indication de la page** ?	Zeilenangabe Seitenangabe
Les indications sont **mentionnées de façon précise et exacte**.	erwähnt; richtig; genau

À la fin du texte, l'auteur	soutient **de toute évidence** le projet proposé.	offensichtlich
	manifeste clairement son intention de **soutenir** cette thèse.	äußert seine Absicht eindeutig unterstützen

Cet article	**fait référence à** l'accident passé la nuit dernière.	bezieht sich auf
	fait allusion aux répercussions de l'incident diplomatique.	spielt auf die Auswirkungen an
	contient une **transcription littérale** du discours du président de la République.	wörtliche Abschrift

Le ministre prétend	**être cité par erreur**.		falsch zitiert
	être victime	d'une **citation fausse**.	falsches Zitat
		d'une **information mensongère**.	irreführende Information
		d'une fausse **déclaration**.	Aussage

J'ai déjà dit **plus haut** que l'auteur	avait passé son enfance à l'étranger.	weiter oben

Comme je l'ai déjà mentionné au début de mon exposé, l'auteur ne veut pas **se prononcer** à ce sujet.	wie ich schon erwähnt habe; sich äußern
Je voudrais **revenir sur un point** important dont j'ai déjà parlé plus haut.	zurück auf einen Punkt kommen
Je reviendrai plus loin sur ce point après la **visualisation** des documents.	Ansicht
Pour illustrer ce phénomène, je vais vous **citer un exemple**.	als Beispiel nennen
Citons **à titre d'exemple** / Je vais **citer en exemple** – la situation actuelle pour mieux comprendre.	als Beispiel als Beispiel nennen
Pour cela, il faut – **entrer dans les détails** déjà **évoqués** auparavant.	ins Detail gehen; erwähnt
Pour cela, il faut – **rappeler la position** de l'auteur à l'égard de ce sujet.	sich vergegenwärtigen; Stellungnahme
L'exemple qui **illustre** le mieux cette **constatation** se trouve à la ligne…	darstellt; Feststellung
Pour donner une idée plus précise de la chose, l'auteur **s'appuie sur** un exemple.	stützt sich auf
L'adjectif « … » que le journaliste utilise pour **qualifier** la personne signale bien son **intention**.	bezeichnen Absicht
À la ligne…, le protagoniste **se sert d'une comparaison** pour **démontrer** son opinion.	nimmt einen Vergleich beweisen

5 | Parler d'événements historiques – Geschichtliche Ereignisse untersuchen

5.1 Les événements historiques et leur durée – Die geschichtlichen Ereignisse und deren Dauer

La découverte de l'Amérique **a eu lieu** en 1492.	fand statt
1945 fut une **date décisive** pour l'Europe en guerre.	entscheidendes Datum
Au début,	anfangs
Ensuite,	dann, danach
Après,	dann, danach
Pour finir,	schließlich
Finalement,	am Ende
À la fin,	am Ende
De… à…	von … bis …
Petit à petit,	allmählich
Pendant tout ce temps,	die ganze Zeit über
Pendant des décennies,	jahrzehntelang
Pendant des siècles,	jahrhundertelang
En 1914, … cette zone était la **scène** de combats.	Schauplatz
L'**épisode** de l'après-guerre commença alors pour les deux pays.	Zeit
Le roi… **est né** en…	wurde geboren
Le roi… **mourut** en…	starb
La Première Guerre mondiale **a commencé** en…	begann
La Première Guerre mondiale **a fini** en…	ging zu Ende
Le premier Empire **dura de… à…**	dauerte von… bis…
Il y a peu de temps, l'esclavage existait encore.	(bis) vor kurzem
Depuis…, l'esclavage n'existe plus.	seit
La Seconde Guerre mondiale est un **fait réel**	Tatsache
La Seconde Guerre mondiale est un **événement** **historique**.	Ereignis
La Seconde Guerre mondiale est un **fait** **historique**.	Ereignis; historisch
Nous parlons de la rencontre **historique** entre Adenauer et de Gaulle.	geschichtlich bedeutsam

Une **décennie** / Un **centenaire** / Un **millénaire** est une période de dix années. / cent années. / mille années.	Jahrzehnt / Jahrhundert / Jahrtausend
L'Amérique a été découverte en 1492 **après Jésus-Christ (apr. J.-C.).**	nach Christus
En 44 **avant Jésus-Christ (av. J.-C.)**, Jules César a été tué. / a été **assassiné.**	vor Christus / ermordet
La Guerre de Trente ans **a éclaté** en 1618.	brach aus
C'est en 1648 que la guerre **s'est conclue** entre les adversaires. / **a fini par se terminer.** / **s'est enfin terminée.**	wurde beendet / kam schließlich zu Ende / endlich endete
Plus d'un demi-siècle a séparé l'**assassinat** de Jules César et la mort d'Auguste en 14 après Jésus-Christ.	Ermordung
Quelle est la différence entre un **armistice** et un **traité de paix** ?	Waffenstillstand / Friedensvertrag
L'**indépendance** de l'Algérie a été **proclamée** le 5 juillet 1962.	Unabhängigkeit; verkündet

5.2 Les processus historiques – Die geschichtlichen Prozesse

Il faut **reconstruire tout le contexte**	den Gesamtzusammenhang rekonstruieren
d'une **époque.** / d'un **siècle.** / de la première **décennie** du siècle.	Epoche / Jahrhundert / Jahrzehnt
Nous parlons d'une époque qui **est caractérisée par** trois aspects.	ist gekennzeichnet durch
À cette époque, un **changement** **s'est produit.** / **s'est effectué.**	Wandel; vollzog sich / vollzog sich
Au cours de ce siècle, un **conflit** **a surgi.** / **s'est développé.**	Konflikt; tauchte auf / entwickelte sich
Il s'agissait d'une **évolution** rapide. / **progressive.** / **lente.**	Entwicklung / allmählich / langsam
La société française **a** beaucoup / **profondément** **changé.**	änderte sich / grundlegend
Le pays **a subi** une crise. / une **époque de transition.**	durchlief, machte durch / Übergangszeit

Le processus de changement **peut être divisé** en plusieurs **étapes.** / **phases.**	lässt sich einteilen; Etappen; Phasen

Abi

Dans la dernière leçon, nous avons parlé du **contexte historique** de la pièce de théâtre.	historischer Hintergrund
L'empereur Auguste a posé le premier **fondement** de l'**Empire** romain.	Fundament; Reich
Les raisons du succès d'Auguste reposent **en partie** / **principalement** sur le type d'époque pendant laquelle il a vécu.	zum Teil; hauptsächlich
Auguste est devenu pour ses **successeurs** un **modèle** de personnage **à recopier.**	Nachfolger; Nacheifern
Le **prédécesseur** du Président Sarkozy était Jacques Chirac. Le Président François Hollande est le **successeur** de Nicolas Sarkozy.	Vorgänger Nachfolger
Cette affaire s'est passée / s'est déroulée à la fin du **gouvernement** de Chirac.	Regierung
… au commencement de la **période gouvernementale** de Mitterrand.	Regierungszeit
… **sous le gouvernement** Kohl.	unter der Regierung
… sous le **ministère** de Laurent Fabius.	Ministeramt
… sous le **ministère du chancelier** Schmidt.	Kanzleramt
… pendant le **règne** de Louis XIV.	Herrschaft
… sous le **régime militaire.**	Militärregime
La **dictature** d'Hitler était différente de celle de Staline.	Diktatur
Un conflit **s'est étendu** à l'échelle mondiale.	breitete sich aus
Un conflit **s'est développé** en guerre mondiale.	hat sich entwickelt
Le livre traite le thème de l'**histoire économique** / le sujet de l'**histoire sociale** du Japon.	Wirtschaftsgeschichte; Sozialgeschichte
Ce pays **se trouve en période de paix** depuis trois ans.	lebt in Frieden
Ce pays **est constamment en état de guerre** depuis une décennie.	befindet sich ständig im Kriegszustand
La guerre **règne** / **fait rage** dans ce pays depuis trois ans.	es herrscht Krieg; der Krieg tobt
L'Iran et l'Irak **mènent une guerre réciproque** / **se font mutuellement la guerre** depuis les années 1980.	führen Krieg gegeneinander; führen Krieg gegeneinander

5.3 Les causes et les conséquences des événements historiques – Die Gründe und Folgen der geschichtlichen Ereignisse

Les **causes**	de ce changement étaient diverses.	Gründe, Ursachen
Les **raisons**		Gründe, Ursachen
Différentes causes **étaient à l'origine de** ce changement.		gingen zurück auf

Le régime politique est tombé	**à cause des**	problèmes internes.	aufgrund von, wegen
	à la suite de		infolge von

Le **motif**	était l'appauvrissement de la population.	Anlass, Grund
La **raison**		Anlass, Grund
Le **résultat**		Ergebnis

Cet événement	**a provoqué**		rief hervor
	a causé	une crise.	verursachte
	a donné lieu à	l'émigration.	führte zu
	a eu comme conséquence		hatte zur Folge

L'augmentation du chômage fut une **conséquence** de la crise économique.	Folge

L'attentat	fut le premier d'	une **série**.	Serie
		une **suite**.	Reihe
	mit le pays dans une **situation limite**.		Grenzsituation

L'**incident**			Vorfall
	provoqua		verursachte
	déclencha		löste aus
	a conduit à	une **réaction en chaîne.**	Kettenreaktion
	causa	un événement **de grande importance.**	bedeutend
		une **grande quantité de** problèmes.	Fülle

Pourtant, les **origines** de ce conflit **sont** simples **à trouver**.	Ursachen; ausfindig zu machen
Cependant, les causes sont à l'origine des **débats** actuels.	Debatten

Quelles sont les **raisons profondes** de ce conflit ?		tiefere Ursachen
Quels sont les éléments qui	**font de sorte que*** ce conflit **se maintienne** *(subj)* ?	sorgen dafür, dass; fortbesteht
	alimentent ce conflit ?	halten in Gang

C'est un **cercle vicieux**.	Teufelskreis
Que peut-on faire pour **minimiser** ce conflit ?	entschärfen

L'**historiographie** ne devrait pas être empreinte d'idées **préconçues**.	Geschichtsschreibung; voreingenommen

Ce conflit	est **unique en son genre.**	einzigartig
	est **explosif.**	explosiv
	a des conséquences **dévastatrices.**	verheerend
	est différent du conflit **auparavant.**	vorherige, frühere
	est **comparable** au conflit précédent.	vergleichbar

Ce conflit	**remonte au** XIXe siècle.	geht zurück bis
	est dû aux problèmes **économiques** de l'époque.	wirtschaftlich
	doit être **négocié** par la voie de la **conciliation.**	verhandelt; Schlichtung

La situation (qui se présente) a trois **conséquences**	**principales.**	Hauptfolgen
	à court terme.	kurzfristig
	à long terme.	langfristig

Les conséquences sont quand même **dramatiques** pour le pays.	dramatisch
Cet événement a **entraîné de graves conséquences.**	schlimme Folgen nach sich gezogen
Cela a eu pour conséquence une **augmentation** de la criminalité.	dies hatte zur Folge; Anstieg
Les conséquences qui en résultent sont la haine et la violence.	die daraus resultierenden Folgen

Cette décision pourrait	**concerner**	tout le pays.	weitreichend betreffen
	s'étendre sur		sich weitreichend verbreiten
	avoir une **portée** décisive **sur**		Reichweite

Nos projets commencent à	**montrer des résultats.**	Ergebnisse zeigen
	porter leurs fruits.	Früchte tragen
	aboutir de toute évidence **à des résultats.**	zu Ergebnissen führen
Il y a une **relation de cause à effet** entre ces indices.		ursächlicher Zusammenhang

Le **résultat final**	était extrêmement positif.	Endergebnis
L'**aboutissement final**	s'est révélé négatif.	Endergebnis

Ils	**ont réussi** à **résoudre** le problème.		es geschafft; lösen
	ont été capables	de **maîtriser** les difficultés.	meistern
		d'**atteindre leur but.**	Ziel erreichen
		de **mettre fin au** conflit.	beenden

Au bout du compte, **tout ceci l'a conduit à** quitter **pour toujours** la capitale.	all das führte dazu; für immer

Il faudrait	trouver un **compromis** à la situation.	Kompromiss
	aboutir à des négociations entre les partenaires.	erzielen; Verhandlungen
	parvenir à un accord entre les pays.	Übereinkunft erlangen
	atteindre l'objectif prévu.	Ziel erreichen

5.4 Le passé et le présent – Die Vergangenheit und die Gegenwart

L'histoire nous apprend à **relativiser.**		relativieren
L'histoire nous apprend à **comparer le présent avec le passé.**		die Gegenwart mit der Vergangenheit vergleichen
La colonisation / Ce conflit **est à l'origine** de ce problème.		ist der Ursprung von
Les coutumes **ont été transmises de génération en génération.**		wurden von Generation zu Generation überliefert
Nous pouvons encore trouver des **vestiges** / des **restes** du passé.		Spuren / Spuren, Reste
La violence **continue de** sévir dans les grandes villes.		ist weiterhin
Cette situation (ne) s'est (pas) **améliorée.**		verbessert
Cette situation (ne) s'est (pas) **détériorée.**		verschlechtert
Cette situation (n') a (pas) **empiré.**		verschlimmert
Les relations entre ces pays ont **toujours** été bonnes. / très **ambivalentes.**		immer / ambivalent
À l'heure actuelle, le pays (n') est (pas) isolé.		in der jetzigen Zeit
De nos jours, le problème / le conflit n'existe pas. / **existe** toujours.		heutzutage / besteht, existiert
Le **bilan** de ce processus est **clairement** **positif.** / **négatif.**		Bilanz / eindeutig / positiv / negativ

6 | Analyser des problèmes – Probleme untersuchen

6.1 Les aspects et les causes – Die Aspekte und die Begründungen

Les pays sous-développés **sont confrontés** au problème de la dépendance.	stehen vor
Leur tâche **consiste à** résoudre ce problème.	besteht in
Leur tâche prend des **dimensions** variées.	Dimensionen
Leur tâche présente plusieurs **côtés**.	Seiten
Leur tâche présente plusieurs **facettes**.	Facetten
Ce problème **a plusieurs origines**.	geht auf mehrere Ursachen zurück
La **raison pour laquelle** le conflit s'est développé est claire.	Grund, weshalb
Les prix ont augmenté **à cause de** l'inflation.	wegen, aufgrund von
Les prix ont augmenté **en raison de** l'inflation.	wegen
L'entreprise a fait faillite **plutôt par** négligence **que par** manque de clients.	eher wegen … als wegen …
L'abstention aux élections **provient du** désenchantement pour les hommes politiques **plutôt que du** désintérêt politique de la société.	entsteht eher durch… als durch…
Comme il y a peu de travail, beaucoup de gens émigrent.	da *(vorangestellte Begründung)*
Beaucoup de gens émigrent **parce qu'**il y a peu de travail.	weil *(nachgestellte Begründung)*
C'est la raison pour laquelle beaucoup de gens ont émigré.	daher, deshalb
C'est pourquoi beaucoup de gens ont émigré.	daher, deshalb
C'est pour cela que beaucoup de gens ont émigré.	deswegen
Puisque la misère est grande, beaucoup de gens ont émigré.	da ja
Comme la misère est grande, beaucoup de gens ont émigré.	da *(immer am Satzanfang)*
Il faut **tenir compte de** trois aspects.	berücksichtigen
Il faut **considérer** trois aspects.	betrachten
Trois **facteurs** sont décisifs.	Faktoren
Deux aspects sont **décisifs**.	entscheidend
Deux aspects sont **déterminants**.	entscheidend
Il existe une relation de **causalité** entre ces faits divers.	ursächlicher Zusammenhang

En premier lieu, le niveau des salaires est très bas.	erstens
En second lieu, l'indice de l'analphabétisme est périmé.	zweitens
En troisième lieu, il manque des logements.	drittens
En plus,	außerdem
(Mis) À part cela,	abgesehen davon
Il en résulte que le niveau de vie est bas.	daraus folgt, dass

Pour finir, la situation économique du pays est désastreuse.	schließlich
Cela veut dire que	das heißt
Cela signifie que	das heißt

Pour résumer la situation, le pays est en crise.	zusammenfassend gesagt
En somme,	zusammenfassend gesagt
En résumé,	zusammenfassend gesagt
On pourrait résumer la situation **de la manière suivante :**	man könnte folgendermaßen zusammenfassen

Beaucoup de gens émigrent **car** il y a peu de travail.	denn
Beaucoup de gens émigrent **faute de** travail.	aus Mangel an

Il existe **plusieurs raisons qui expliquent pourquoi** le problème n'a pas encore été **résolu.**	mehrere Faktoren, Gründe warum; gelöst
Nous **avons toutes les raisons** possibles pour rester optimiste.	haben allen Grund

Le compte rendu de l'affaire vise à **traiter** tous les aspects de la globalisation.	
Le compte rendu de l'affaire vise à **traiter** toutes les **dimensions** sociales de la globalisation.	behandeln; Dimensionen
Le compte rendu de l'affaire vise à **traiter** les **questions politiques** de la globalisation.	politische Fragen

Nous devrions **jeter un regard sur** tous les **aspects** de ce problème.	einen Blick werfen auf; Aspekt
Nous devrions **étudier** le problème sous toutes ses **facettes.**	bearbeiten; Facetten
Nous devrions **envisager** les solutions sous tous leurs aspects.	in Betracht ziehen
Nous devrions **prendre en compte** le **problème majeur** qui se pose.	betrachten; entscheidender Punkt
Nous devrions **prendre** le problème **sous une autre perspective.**	aus einem anderen Blickwinkel betrachten
Nous devrions **considérer** les conséquences réelles de cette décision.	betrachten

Il serait bon de considérer chaque **angle de réflexion.**	Blickwinkel
Il faudrait changer de **perspective** pour concrétiser le projet.	Blickwinkel

Abi

Si je me place dans cette perspective,	le projet est réalisable.	von diesem Standpunkt aus betrachtet
Sous / Dans cette perspective,		unter dieser Perspektive / in dieser Hinsicht
En considérant toutes les facettes du problème,		in Betracht aller Facetten
Pris dans cette perspective-là,		unter dieser Perspektive angenommen
Considéré sous cet angle-là,		unter diesem Blickwinkel betrachtet
Vu sous cet angle,		so gesehen, aus dieser Perspektive
Vu de ce côté,		so gesehen
Démontré sous cet aspect,		unter diesem Aspekt bewiesen
Au premier aspect,		vom ersten Eindruck her
À cet égard,		in dieser Hinsicht

Les événements **empirent** de jour en jour.	spitzen sich zu
Les conditions sociales **s'aggravent** avec la misère.	verschlechtern sich
Le niveau de vie **se dégrade** avec la crise de l'emploi.	verschlechtert sich

Il va falloir	**prendre**	**une décision.**	eine Entscheidung treffen
	arriver à		gelangen zu
	aboutir à		gelangen zu

C'est un problème	**plutôt** allemand **qu'**européen.	eher … als
	très **complexe.**	vielschichtig

Les données peuvent être **interprétées** de différentes manières.	gedeutet

Trois	facteurs sont	**décisifs.**	entscheidend
Plusieurs			verschiedene, mehrere
		essentiels.	bedeutend
De **multiples** critères sont à considérer.			zahlreiche

6.2 L'évaluation des points de vue – Die Beurteilung

(Siehe auch
2.3 Commenter le point de vue de quelqu'un – Die Meinung eines anderen kommentieren, S. 17
12.2 Commenter le point de vue de l'auteur – Die Meinung des Autors kommentieren, S. 85)

D'un côté,	la situation est bonne,			einerseits
D'une part,				einerseits
		d'un autre côté,	elle est mauvaise.	andererseits
		d'autre part,		andererseits

Certes, il y a beaucoup de touristes,	zwar
mais, c'est grâce au tourisme que beaucoup d'emplois ont été créés.	aber

Très peu de personnes critiquent **quand même** / **tout de même** le gouvernement.	trotzdem trotzdem
Et pourtant, / **Malgré tout,** / **En dépit des** difficultés, la majorité reste optimiste.	und dennoch trotz allem trotz
Bien que* tout le monde soit *(subj)* mécontent, personne ne proteste.	obwohl
Même si c'est une règle très ancienne, il faut l'appliquer.	auch wenn, selbst wenn

Cependant, / **Malgré cela,** / **Toutefois,** / **Néanmoins,** / **Alors que** la situation se détériore, / **Tandis que** la situation se détériore, la majorité reste optimiste.	dennoch trotzdem jedoch dennoch, nichtsdestoweniger obwohl während
Au contraire, / **Au contraire de** mon ami, / **En revanche,** / **Par contre,** je pense que les prévisions sont alarmantes.	im Gegenteil im Gegensatz zu dagegen dafür, hingegen
Selon les analystes, les **avantages dépassent** largement les **désavantages**.	Vorteile; übertreffen Nachteile
Il existe deux autres aspects que devraient être **pris en considération.**	berücksichtigt
Cet aspect est **valable** / **pertinent** / **dénué d'intérêt** / **tout à fait insignifiant** pour notre enquête.	relevant treffend uninteressant völlig irrelevant
Il faut s'attendre à ce que* ce problème devienne *(subj)* encore plus important que prévu.	es ist zu erwarten, dass

6.3 Les conséquences – Die Folgen

Cette situation aura des **conséquences fâcheuses**.	unangenehme Konsequenzen, Folgen
Il en résulte maintenant un excès d'offres dans l'hôtellerie.	stellt sich heraus
J'en arrive à la conclusion qu'il n'y a pas d'alternative.	ich komme zu der Schlussfolgerung, dass

En conséquence,	beaucoup émigrent.	infolgedessen, demnach
Par conséquent,		infolgedessen, folglich, somit
C'est pourquoi		darum, deshalb
Par contrecoup,		als Folge davon
Suite à la crise,		als Folge von

Abi

Pour cette raison,	le contrat n'a pas été signé.	aus diesem Grund
Ainsi,		so
Donc,		also
En effet,		tatsächlich
Ceci entraîne que		das hat zur Folge, dass
Si bien que		sodass

Pour que* le programme puisse *(subj)* continuer, il va falloir envisager une autre réunion.	damit
Il va falloir envisager une autre réunion **de manière à ce que*** le programme puisse *(subj)* continuer.	sodass
Ce qui entraîne une forte population étrangère dans les banlieues.	das hat … zur Folge

Nous	**avons conclu**	qu'il n'était pas la personne adéquate pour ce poste.	kamen zu dem Ergebnis
	sommes arrivés à la conclusion		kamen zu dem Ergebnis
	étions tous d'accord pour dire		stimmten darin überein
	avons réalisé		begriffen

7 | Parler de journaux et de revues – Sich mit Zeitungsartikeln und Zeitschriften auseinandersetzen

7.1 La presse – Die Presse

En France comme dans d'autres pays, il existe la **presse**		Presse
	locale.	lokal
	régionale.	regional
	nationale.	überregional
On parle de la **presse**	**spécialisée**.	Fachpresse
	du cœur.	Regenbogenpresse
	à sensation.	Sensationspresse
L'AFP, l'Agence France-Presse, est une **agence de presse** française.		Nachrichtenagentur
La presse est un **support médiatique**.		Massenmedium
Les journaux sont	des **sources d'informations**.	Informationsquellen
	imprimés la nuit.	gedruckt
Beaucoup de lecteurs	achètent leurs **journaux** dans un kiosque.	Zeitungen
	s'abonnent à un journal.	abonnieren
Cette revue a un **tirage** élevé.		Auflage
C'est **l'éditeur** de cette revue.		Verleger
C'est **l'éditrice** de cette revue.		Verlegerin
C'est **le journaliste** de cette revue.		Journalist, Publizist
C'est **la journaliste** de cette revue.		Journalistin, Publizistin
C'est **le rédacteur (en chef)** de cette revue.		(Chef)Redakteur
C'est **la rédactrice (en chef)** de cette revue.		(Chef)Redakteurin
C'est **le reporter** de cette revue.		Reporter
C'est **la reporter** de cette revue.		Reporterin
C'est **le correspondant** de cette revue.		Korrespondent
C'est **la correspondante** de cette revue.		Korrespondentin
La dernière **édition** du Monde		Ausgabe
	est épuisée.	ist vergriffen, ausverkauft

Cet article **a été publié** / **est paru** dans	un **journal**.	ist erschienen / ist erschienen; Zeitung
	un **quotidien**.	Tageszeitung
	un **mensuel**.	Monats(zeit)schrift
	un **supplément**.	Beilage
	un **magazine**.	Zeitschrift
Beaucoup de revues **paraissent** / **sortent**	**périodiquement**.	erscheinen regelmäßig / erscheinen
Paris match paraît **tous les quinze jours**.		vierzehntägig

Abi

Cet article est paru dans	un **hebdomadaire.**	Wochenzeitung
	un **journal dominical** de grande influence.	Sonntagszeitung
	un **périodique politique**.	politische Zeitschrift
	une **revue spécialisée en économie.**	wirtschaftliche Fachzeitschrift
	une **revue féminine**.	Zeitschrift für Frauen
	un **magazine féminin**.	Zeitschrift für Frauen
	une **feuille à sensation**.	Sensationsblatt
La presse française comprend	les **quotidiens nationaux** comme *Le Monde*.	nationale Tageszeitungen
	les **quotidiens régionaux** : *Dernières Nouvelles d'Alsace*.	Regionaltageszeitungen
	les **quotidiens sportifs** : *L'Équipe*.	Sporttageszeitungen
Nous avons commandé la revue mensuelle avec un **abonnement annuel**.		Jahresabonnement
Il existe des journaux	**de petit format**.	kleinformatig
	de grand format.	großformatig
	sérieux et de qualité.	seriös und sehr gut
Les journaux modernes ont	une **édition imprimée**.	gedruckte Ausgabe
	une **édition électronique**.	Internetausgabe
	une **édition en ligne**.	Internetausgabe
C'est surtout un **lectorat** jeune qui accède	aux **appli(cation)s**.	Leserschaft; App
	aux **blogs**.	Blogs
Les jeunes découvrent les **nouvelles** sur les **sites Internet**.		Nachrichten; Website
Il existe des journaux	**à fort tirage**.	mit hoher Auflage
	à grand tirage.	mit hoher Auflage
	à tirage limité.	mit limitierter Auflage
L'ouvrage a enregistré un **tirage record** cette année pour devenir un best-seller.		Spitzenauflage

Le nombre d'**exemplaires** vendus	a/ont considérablement augmenté.	Exemplar
Le nombre des **recettes**		Einnahmen
Les frais occasionnés pour la réalisation de ces **annonces publicitaires**		Werbeanzeigen

La plupart des grands journaux appartiennent à des **sociétés médiatiques.**	Mediengesellschaften
Certains journaux sont **rattachés à** des groupes et des partis politiques.	angegliedert
Dans les pays à régime démocratique, il n'existe pas de **censure** de la presse.	Zensur
La **liberté de la presse** est un des principes fondamentaux de la **liberté d'opinion et d'expression.**	Pressefreiheit; Meinungsfreiheit
La **presse à sensation** a tendance à **aborder la vie privée** des personnes célèbres.	Sensationspresse; Privatsphäre verletzen

7.2 La classification de textes – Zeitungsartikel einordnen

Il s'agit d'	une **partie** d' / un **extrait** d'	une **annonce**.		Teil / Auszug; Anzeige
		un **faire-part (de décès)**.		(Todes)Anzeige
		un **éditorial**.		Leitartikel
		un **article**		Artikel
		un **commentaire**	sur la Picardie.	Kommentar
		un **reportage**		Reportage
		une **critique de livre**.		Rezension
	un extrait du **courrier des lecteurs.**			Leserbrief

Aujourd'hui,	tous les journaux parlent de cette **nouvelle**.	Nachricht
	cette nouvelle **fait la une des journaux**.	für Schlagzeilen sorgen, Schlagzeilen machen

Ce journaliste	fait une **chronique** journalière dans le Monde.	Kolumne
	écrit des **critiques** de films.	Kritik
	fait la critique du nouveau livre de cet écrivain.	rezensiert

Le **gros titre** doit inciter à la lecture d'une grande nouvelle.	Titelseite
La **manchette** regroupe les faits divers importants.	Balkenüberschrift
L'article se trouve dans la **rubrique** des **petites annonces**.	Rubrik; Anzeigenteil
Le texte est **tiré** du **courrier des lecteurs**.	entnommen; Leserbriefe
La **colonne de gauche rapporte** les faits.	linke Spalte; berichtet

Chaque journal se compose	d'une **première page** : la **une** d'un journal,	Titelseite
	d'une **couverture**,	Titelseite
	d'un **bandeau** avec un thème particulier,	Banner
	d'une **tribune** avec en titre l'**événement du jour**,	Leserbriefkolumne; aktuelles Ereignis
	d'une **page verso**,	Rückseite
	de **pages publicitaires**,	Reklameseiten
	d'**encarts publicitaires**,	Werbebeilagen
	de **rubriques avec plusieurs thèmes**,	Sachbereiche
	de **petites annonces**.	Kleinanzeigen
La première page est composée	d'un titre avec le **nom du journal**,	Name der Zeitung
	d'un **en-tête**,	Kopfzeile
	de la **date de publication**,	Erscheinungsdatum
	d'un **gros titre**,	Schlagzeile
	de **sous-titres**,	Zwischenüberschriften
	de photos/d'illustrations avec une **légende**,	Bildunterschrift
	d'un **éditorial**,	Leitartikel
	de **colonnes**,	Textspalten
	de la **ligne réservée à l'auteur de l'article**.	Verfasserzeile
Les parties les plus importantes sont	les **actualités** **nationales**,	nationale Nachrichten
	les **actualités** **régionales**,	Lokalnachrichten
	les **actualités** **internationales/mondiales**,	internationale Nachrichten
	l'**économie**,	Wirtschaft
	les **finances**,	Finanzen
	le **sport**,	Sport
	la **culture**,	Kultur
	l'**éducation**,	Bildung
	les **sciences**,	Wissenschaft
	l'**environnement**,	Umwelt
	les **célébrités**.	Berühmtheiten

7.3 Analyser des articles – Zeitungsartikel analysieren

Il est possible de	**feuilleter**	un journal.	durchblättern
	survoler	les titres.	überfliegen
	parcourir	les titres.	überfliegen
Nous pouvons	**nous plonger dans**	un commentaire. / une notice. / un article.	uns vertiefen in
	étudier plus à fond		eindringen in
	réfléchir sur		nachdenken über
	faire l'analyse d'		analysieren

Le titre **attire l'attention** du lecteur.	erregt die Aufmerksamkeit
L'auteur **a intitulé** l'article d'une manière **provocante**.	betitelt; provokativ

En adressant la parole au lecteur, / **En utilisant** le pronom personnel tu, / vous, l'auteur **tente** d'éveiller la curiosité.	indem er/sie… richtet / indem er/sie…verwendet / versucht
Le **sujet** de cet article est…	Thema
L'auteur **aborde** / **esquisse** le sujet du chômage.	schneidet an / skizziert
Après une **introduction détaillée,** / **courte introduction,** l'auteur **traite le** / **s'occupe du** problème de…	ausführliche Einführung / kurze Einführung / behandelt / befasst sich mit
L'auteur **se sert de** / **utilise** des **méthodes** variées pour **illustrer** / **souligner** la situation. / a une **vue réaliste** de la situation.	verwendet / bedient sich; Methoden / veranschaulichen / unterstreichen / wirklichkeitsgetreues Bild
Le journaliste fait une **description détaillée** de la situation.	detaillierte Beschreibung
Le journaliste nomme tous les **détails**.	Einzelheiten
Le journaliste fait une **énumération** de cas concrets.	Aufzählung
Le journaliste raconte quelque chose **de long en large**.	lang und breit
Le journaliste **cite** des spécialités variées.	zitiert
Le journaliste **cite** des politiciens.	führt Zitate an
L'auteur se réfère à un **cas concret**. / un **exemple**.	konkreten Fall / Beispiel
L'article **comprend** / Dans cet article, on peut trouver / il y a des **citations de témoins oculaires**.	enthält / Zitate / Augenzeugen
L'auteur se réfère à / cite **différentes sources**.	unterschiedliche Quellen
L'auteur se réfère à / cite des **documents crédibles**. / **probants**. / **officiels**.	Dokumente; glaubwürdig / beweiskräftig / offiziell
L'auteur **a interviewé** le juge **compétent**.	hat interviewt / zuständig
La théorie du journaliste **s'appuie sur** des **données statistiques**. / des **statistiques**.	ist gestützt auf / statistische Daten / Statistiken
La théorie du journaliste **s'appuie sur** les **résultats** d'une **enquête**. / d'un **sondage**.	Ergebnisse / Untersuchung / Umfrage

Le chroniqueur / Le critique / Le journaliste / L'auteur **évalue** / **décrit** / **explique** / ne traite pas uniquement — les **conséquences possibles**. / la **situation actuelle**.	schätzt ein / beschreibt; mögliche Folgen / erklärt; aktuelle Situation
… **fait une critique sévère de** la situation actuelle.	kritisiert scharf
… **pronostique** que la situation va changer.	sagt vorher
… **résume** ce qui vient d'être dit.	fasst zusammen
Son **argumentation** se base sur trois points.	Beweisführung
Son **argumentation** **manque de** preuves.	fehlt es an
L'auteur **expose** / **exprime** son opinion sur cette affaire.	legt dar / äußert
Dans l'article, la tendance **se dessine**.	wird deutlich
Dans l'article, le journaliste **met les points sur les i**.	wird deutlich
Dans l'article, le scandale **éclate au grand jour**.	kommt an den Tag

Abi

La **source d'information** ne semble pas sérieuse.	Informationsquelle
Les nouvelles sont rapportées de façon **tendancieuse**. / **sensationnelle**.	Meldungen; tendenziös / sensationell
L'auteur emploie des termes qui **font sensation**.	erregen Aufsehen
Son style journalistique est **adapté au goût de la sensation du lecteur**.	auf die Sensationslust abgestimmt
C'est un titre qui **saute aux yeux** du lecteur.	springt ins Auge
C'est un titre qui **ressort** bien du texte intégral.	hebt sich ab
C'est un titre qui est **mis en relief** pour être plus visible.	hervorgehoben
C'est un titre très **voyant**.	auffällig
C'est un titre très **percutant**.	treffend
Le premier **paragraphe se termine par** un résumé.	Abschnitt; endet mit
L'auteur **termine** son œuvre par un récapitulatif des faits divers.	beendet
L'auteur **finit** son œuvre en décrivant les conséquences de l'accident.	beendet
L'auteur **conclut** son œuvre par une **morale finale**.	schließt ab; Lehre
L'article **affiche** nettement la tendance des votes.	gibt bekannt
L'auteur décrit **avec précision** les évolutions dans les secteurs économiques.	präzise
L'auteur utilise différentes **techniques journalistiques**.	journalistische Techniken
L'auteur utilise différentes **techniques de narration**.	Erzähltechniken

L'auteur **donne** / **présente** / **fournit** plusieurs exemples concrets.	liefert / stellt dar / liefert
L'auteur dégage les **opinions d'experts** sur ce thème.	Expertenmeinungen
L'auteur inclut une liste de **chiffres** très pertinents.	statistische Zahlen
L'intention du journaliste est de **manipuler** / **persuader** le lecteur.	manipulieren / überzeugen
L'intention du journaliste est de **faire de la rétention.**	Informationen zurückhalten
L'intention du journaliste est de **focaliser l'attention** du lecteur.	das Augenmerk richten auf
Les citations **servent à illustrer** le point de vue de l'auteur.	dienen; veranschaulichen
Les citations sont utilisées dans un **discours direct.** / **indirect.**	direkte Rede / indirekte Rede
Les citations proviennent de **sources** différentes.	Quellen
Les citations rendent l'article encore plus **crédible.**	glaubwürdig
Le journaliste présente l'information **d'une façon objective.**	objektiv
Le journaliste semble **avoir un parti pris contre** le candidat.	voreingenommen sein gegenüber
Le journaliste semble **porter un jugement contre** le candidat.	beurteilen gegen
Le journaliste semble **porter un jugement désavantageux sur** le candidat.	beurteilen zu Ungunsten
Il (ne) **se focalise** (pas) **sur** des détails.	konzentriert sich auf
Il veut **fournir des informations de fond** à ce problème.	Hintergrundinformationen liefern
L'article fournit / contient une **analyse claire** des derniers événements dans le pays.	klare Analyse
L'article fournit / contient une **étude** des derniers événements dans le pays.	Studie
L'article fournit / contient un **rapport** des derniers événements dans le pays.	Bericht
L'article fournit / contient une **enquête statistique** avec des **notes explicatives.**	statistische Erhebung; Erläuterungen
L'article fournit / contient un **sondage d'opinions**	Meinungsumfrage
L'article **résume de façon chronologique** les derniers événements.	fasst chronologisch zusammen
Le rédacteur **commente** les projets du gouvernement.	kommentiert
Le rédacteur **donne son point de vue sur** les projets du gouvernement.	gibt eine Stellungnahme ab
Le rédacteur **fait un examen** clair et net des projets du gouvernement.	überprüft
Le rédacteur exprime sa **propre position** **envers** les projets du gouvernement.	Einstellung gegenüber
Le rédacteur exprime son **approbation** **envers** les projets du gouvernement.	Zustimmung zu
Le rédacteur exprime sa **désapprobation** **envers** les projets du gouvernement.	Ablehnung gegenüber

Abi

L'auteur	**émet des critiques sévères.**			kritisiert scharf
	formule une critique subjective.			äußert subjektive Kritik
	fait	l'**analyse critique** de la situation.		analysiert kritisch
	dresse	un **portrait** critique du personnage.		entwirft ein Porträt
	examine la situation avec un œil critique.			prüft unter einem kritischen Blick
	porte	**un jugement défavorable** envers	le projet.	fällt ein schlechtes Urteil über
		un jugement **hostile** sur		feindselig
	soutient	l'idée d'un changement.		unterstützt
	appuie	le point de vue du candidat.		unterstützt

La photo a	**choqué** les lecteurs.	schockierte
	provoqué beaucoup de questions auprès du public.	provozierte
	déclenché une vive réaction auprès de la population.	löste aus; eine heftige Reaktion

7.6 Les réactions et les critiques – Die Rückmeldungen und die Kritiken

L'article Le commentaire L'éditorial	**a reçu**	un **écho** positif.	fand
	a rencontré		stieß auf
			Resonanz
	a suscité beaucoup d'intérêt.		rief hervor, erregte
	a provoqué	des commentaires.	provozierte
		une **vague de protestations**.	Protestwelle

Abi

Les **réactions** des lecteurs	permettent d'améliorer le contenu du journal.	Rückmeldungen
Les **critiques**	sont parfois constructives pour mieux faire.	Kritiken
	divergent selon les **rubriques**.	unterscheiden sich; Rubriken

Le livre	a reçu une **bonne** critique	dans la presse.	gut
	fait l'objet de critiques virulentes		ist heftigen Kritiken ausgesetzt

La critique	**a bien accueilli son livre.**	sein/ihr Buch kam bei den Kritikern gut an
	a par contre **dédaigné** le film.	verachtet

La **critique littéraire**	a déjà commenté	l'œuvre dans les médias.	Literaturkritikerin
	fait actuellement **la critique** de		rezensiert

Cette personne **fait de la critique littéraire.**	schreibt Buchkritiken

8 | Analyser des textes publicitaires – Werbetexte analysieren

Un **texte publicitaire** est produit avec des **techniques d'impression.**		Werbetext Drucktechniken
Le texte **argumentatif est accompagné d'**	un titre.	argumentativ; begleitet von
	un **slogan**.	Werbespruch
	une **photo**.	Foto
	une **image**.	Bild
	un **dessin**.	Zeichnung
	une **représentation**.	Darstellung
Une bonne publicité	**associe** rapidement la **marque du produit** avec ses bénéfices.	assoziert; Produktmarke
	insiste sur les **points forts** du produit à l'intérieur du **message publicitaire.**	starke Seiten Werbespot
Les informations sur le produit	sont **objectives** et **indispensables.**	sachlich; unentbehrlich
	sont très **détaillées** et **explicatives.**	ausführlich; erklärend
	permettent au lecteur de **se faire une idée** précise **du** produit.	sich eine Idee machen über
	ne **suffisent** parfois pas pour **comprendre le fonctionnement de l'article.**	reichen aus; wie der Artikel funktioniert
Il y a	une **correspondance** entre le titre et le **texte qui suit.**	Verbindung; nachfolgender Text
	un **rapport** entre l'image, la **description** et les explications.	Zusammenhang; Beschreibung
L'image	**suggère** le caractère **exclusif** et **unique** du produit.	vermittelt; einzig; einmalig
	produit un effet **suggestif** sur le lecteur.	wirkt; suggestiv
Le **slogan publicitaire**	**incite** le consommateur à acheter le produit.	Werbespruch; verführt
	répond au **désir** de beauté du **consommateur.**	Wunsch Verbraucher
	met l'accent sur la **valeur positive** du produit.	betont; positiven Wert
	met en valeur les propriétés du produit.	hebt die Eigenschaften hervor
	a pour but de **rendre** le produit **attirant.**	bezweckt; verlockend machen

Le texte publicitaire	contient plusieurs **promesses** que le lecteur doit croire.	Versprechungen
	se compose de beaucoup d'expressions **alléchantes**.	besteht aus; verlockend
	est une **forme de communication** avec le lecteur.	Art Kommunikation
	comprend des **procédés iconographiques** comme des images et des symboles.	ikonografische Mittel
	comprend des **procédés graphiques** tels que la couleur, le **contraste** et la **disposition**.	grafische Mittel; Kontrast; Gestaltung
	comprend des procédés **typographiques** comme :	typografisch
	la **taille des caractères**.	Schriftgröße
	la **police des caractères**.	Schriftart
	les **caractères gras**.	Fettdruck
	l'**écriture en italique**.	Kursivschrift
Le nom du produit est écrit en **majuscules** pour attirer l'attention du lecteur.		Großbuchstaben
Le message publicitaire	est formulé avec beaucoup de **répétitions** de mots.	Wiederholungen
	est **rédigé d'une façon brève et concise**.	verfasst; kurz und bündig
	est un **discours bref** qui dit l'essentiel.	kurze Anrede
	est facile à **se mémoriser**.	sich einprägen
	favorise la mémorisation.	macht leichter
	doit pouvoir **rester en tête** du lecteur.	im Gedächtnis bleiben
Le slogan	doit être un **élément fort** de la pub.	Schwerpunkt
	doit **ressortir** suffisamment **du** message publicitaire.	hervorgehen aus
	doit **s'imprégner** dans la mémoire du consommateur.	eingeprägt werden
	est créé à partir de deux éléments clés :	konzipiert aus
	les **attributs** du produit.	Kennzeichen
	les **caractéristiques** du public cible.	Eigenschaften
Les mots utilisés comportent des **connotations positives**.		positive Konnotationen
L'argumentation doit être **convaincante**, courte, **frappante** et **rythmée**.		überzeugend; schlagkräftig; rhythmisch
Les **publicitaires ont recours à** plusieurs éléments comme :		Werbefachleute; greifen zu
	une **rime en** « … ».	Reim in
	une **allitération** en « v ».	Alliteration
	une **assonance** en « ore »	Assonanz
	une **opposition** de mots.	Opposition
	une **antonymie** ou **antithèse**.	Antonymie; Antithese
	une **expression figée**.	feststehender Ausdruck
	une **expression déformée**.	deformierter Ausdruck
	un **jeu de mots**.	Wortspiel
Les **termes techniques** doivent **souligner** le caractère sérieux du produit.		Fachbegriffe; unterstreichen

L'auteur	emploie plusieurs **techniques de persuasion.**	Überredungstechniken
	utilise des **expressions au superlatif** pour démontrer la qualité du produit.	Ausdrücke in der höchsten Steigerungsform
	peut **ajouter** des éléments qui donnent une valeur **crédible** au produit :	beifügen glaubhaft
	– une **étude**, des **statistiques.**	Studie; Statistiken
	– des **témoignages** de clients **satisfaits.**	Erlebnisberichte; zufrieden
	– le nom d'une **célébrité.**	berühmte Persönlichkeit
	veut **créer** de nouveaux **besoins** et **désirs** chez le lecteur.	wecken; Bedürfnisse Wünsche

Avec les **formules à l'impératif**, le lecteur se sent **obligé** d'acheter. — Formulierungen im Imperativ; gezwungen

Les phrases courtes et **incomplètes** donnent une **structure rythmique.** — unvollständig; rhythmische Struktur

La publicité attire l'attention	des **consommateurs potentiels.**	potentielle Verbraucher
	des **utilisateurs.**	Benutzer
	des **usagers.**	Verbraucher
	des **électeurs.**	Wähler
	des **personnes publiques.**	Öffentlichkeit

Le titre accrocheur	doit attirer l'attention des **passants.**	Vorübergehende
	doit **convaincre** le **public cible.**	überzeugen; gezieltes Publikum
	doit être **efficace** et **remplir une mission.**	wirksam; einen Auftrag erfüllen
	est destiné à faire agir le lecteur.	dazu bestimmt

Le publicitaire	fait une analyse	des **habitudes**	des adolescents.	Gewohnheiten
		des intérêts	des adultes dans la **trentaine.**	dreißigjährig
		des **besoins**	des jeunes filles.	Bedürfnisse
	s'intéresse	aux **habitudes de consommation** des personnes.		Verbrauchergewohnheiten
		à la façon dont elles **prennent une décision.**		treffen eine Entscheidung
		aux raisons pour lesquelles elles ont **fait ce choix.**		diese Wahl getroffen

La publicité	présente un monde **idéalisé.**	idealisiert
	pousse à la consommation.	verleitet zum Konsum
	vise à persuader une personne à acheter.	zielt auf; überzeugen
	promet un produit pour que la personne **adopte** une certaine **attitude.**	wirbt für; nimmt an Haltung
	doit **se démarquer** des autres publicités **concurrentes.**	sich abheben von konkurrierend

Abi

Les **créateurs de la publicité**	**définissent** un ton et une ambiance.	Werbeschöpfer; bestimmen
	cherchent à rendre la publicité **originale**.	originell
	vantent les **avantages** et les **caractéristiques techniques** du produit.	preisen; Vorteile; technische Daten
	prétendent que le produit est le meilleur.	behaupten
	veulent faire croire au lecteur que ce **produit** est **miraculeux**.	Wundermittel
	se présentent comme des personnes sympathiques.	stellen sich vor
	s'identifient à l'acheteur avec l'utilisation du **pronom** « nous ».	identifizieren sich Fürwort
	font appel directement **à** l'**acheteur**.	wenden sich an; Käufer
	s'adressent à un public jeune et peu **critique**.	kritisch
	interpellent un public **cultivé** et **intéressé**.	sprechen an; gebildet interessiert

Le consommateur se sent **personnellement concerné**.	persönlich angesprochen
Le **subconscient** du consommateur est **intentionnellement manipulé**.	Unterbewusstsein; absichtlich manipuliert
Le produit **offert éveille** l'intérêt du lecteur et l'**envie** de l'acheter.	angeboten; weckt; Lust

9 | Commenter des textes narratifs et dramatiques – Erzählerische und dramatische Texte untersuchen

9.1 La classification – Arten von Texten

L'œuvre dont nous parlons est	une **fable**.	Fabel
	une **légende**.	Legende, Sage
	un **roman**.	Roman
	une **nouvelle**.	Novelle
	un **récit**.	Erzählung
	un **conte**.	Märchen
	un **drame**.	Drama
	une **pièce de théâtre**.	Theaterstück

Ici, il s'agit d'	un **extrait** d'un conte de…	Auszug
	un **acte** d'un drame de…	Akt
	une **scène** d'une pièce de théâtre de…	Szene

La **morale** est l'enseignement qui se trouve à la fin d'une fable ou d'un conte. — Moral

Le texte contient	des parties	**narratives**.	erzählend
		dialoguées.	dialogisch
	des éléments	**comiques**.	komisch
		humoristiques.	humorvoll

Le texte est	une sorte de **compte-rendu autobiographique**.	Bericht; autobiografisch
	une **caricature** de la société.	Karikatur
	une **parabole.**	Gleichnis, Parabel
	une **anecdote.**	Anekdote
	un **court récit.**	Kurzgeschichte

Il s'agit d'une **parodie** qui **illustre** les **faiblesses** d'une personne. — Parodie; veranschaulicht; Schwächen

Ce texte est	un **passage**	d'une œuvre célèbre.	Ausschnitt
	(un) extrait	d'un **polar.**	Krimi
		d'un **roman policier.**	Kriminalroman
		d'un **thriller.**	Thriller
		d'un **roman de science-fiction.**	Sciencefictionroman
		d'une **histoire utopique.**	utopische Geschichte
		d'un **roman d'anticipation.**	utopischer Roman

Les **indications scéniques** fournissent des informations sur les personnages de l'œuvre.	Regieanweisungen
Ce sont des **indices** importants pour l'interprétation du drame.	Anhaltspunkte
Les **personnages** sont décrits avec leurs **traits caractéristiques**.	Figuren; Merkmale

Le genre narratif est un **récit** d'**aventures fictives**.	Erzählung; fiktive Abenteuer
Le récit est un **condensé** d'aventures **rocambolesques**.	besteht hauptsächlich; fantastisch

9.2 Le temps, le lieu, l'action – Zeit, Ort und Handlung

L'**action se passe**	en France.	Handlung; spielt
	dans deux **espaces principaux** et…	Hauptschauplätze
	… dans deux **espaces secondaires**.	Nebenschauplätze

La scène **se déroule**		spielt sich ab
Le roman **se situe**		findet statt
	en 1950.	im Jahr
	dans une époque **indéterminée**.	unbestimmt

Il s'agit d'une **dramatisation d'un fait réel**.	Bühnenbearbeitung einer wahren Begebenheit

L'auteur	**respecte**			beachtet
	ne respecte pas	l'**unité**	**de temps**.	Einheit der Zeit
			de lieu.	*(Einheit)* des Orts
			d'action.	*(Einheit)* der Handlung

Le **milieu**			Umfeld
	social		sozial
	politique		politisch
		se caractérise par…	ist gekennzeichnet durch

Le **déroulement de l'action** pourrait se résumer ainsi :	Handlungsverlauf

L'action se déroule en trois	**étapes**.	Etappen
	phases.	Phasen
	parties.	Teile

Le roman	**se compose de**	douze chapitres.	besteht aus
	est divisé en	deux parties.	ist unterteilt in

Une **action principale** et d'autres **actions secondaires**…	Haupthandlung; Nebenhandlung
... **constituent la trame** de cette comédie.	bilden den Gesamtzusammenhang der Handlung

Il ne faut pas **perdre le fil conducteur** de l'histoire.	den roten Faden verlieren

Au début,					am Anfang
Au commencement,	son comportement	**oscille** entre le cynisme et le désespoir.			am Beginn; schwankt
		change		l'interlocuteur.	verändert sich
			selon	la situation.	je nach

Tout au long					hindurch
Au cours	de la tragédie, du roman,	un conflit **se développe** entre les personnages.			im Verlauf; entwickelt sich
		Jean	**devient** le	héros.	wird zu
			se transforme en		verändert sich in

L'auteur	**intercale un épisode**		schiebt eine Episode, Nebenhandlung ein
		burlesque.	burlesk, spaßhaft
		humoristique.	humorvoll, komisch
	mélange le tragique avec le comique.		mischt das Tragische mit dem Komischen

Des changements	**inespérés**			unerwartet
	inattendus			unerwartet
	importants			wichtig
		dans les relations	**se produisent**.	treten ein
			se sont effectués.	haben sich vollzogen

L'action **trouve** son **point culminant** dans le second chapitre.	erreicht; Höhepunkt
Cet événement marque un **tournant** tragique dans le dernier acte.	Wendepunkt

À la fin,	le **suspense**		am Ende; Spannung
Dans la dernière scène,	la **tension**		Spannung
		augmente.	wächst, nimmt zu
		diminue.	lässt nach, nimmt ab
	l'intrigue se dénoue.		der Knoten der Handlung löst sich
	le héros **trouve la solution de l'énigme**.		findet die Lösung des Rätsels

Le suicide du personnage principal **marque** le point culminant de l'histoire.	deckt sich mit

Plusieurs conflits **restent**	**en suspens**.	bleiben ungelöst
	non résolus.	ungelöst

L'histoire	**se termine**	par un désastre.	endet
		tragiquement.	tragisch
	prend un **tournant**		Drehpunkt
		captivant.	spannend
		plein de suspense.	spannend
		heureux.	glücklich
		fatal.	verhängnisvoll
		surprenant.	überraschend

Le roman L'histoire courte	commence	par une **exposition** des faits.	Exposition
		sans **introduction**.	Einleitung
		à un **moment critique** de l'action.	kritischer Augenblick

Cet épisode	est **basé sur** une **histoire authentique**.	beruht auf; wahre Begebenheit
	contient des éléments très **autobiographiques**.	autobiografisch

Le **temps**	utilisé pour raconter l'histoire est le passé composé.	Zeitform
	de narration est le temps de lecture.	Erzählzeit
	narré raconte les événements passés dans un **contexte** précis.	erzählte Zeit; historischer Rahmen

Une **histoire d'initiation** est une histoire qui va commencer prochainement.	Initiationsgeschichte

L'histoire	se déroule	dans un **cadre** bien précis.	Rahmen
	commence	par une **intrigue d'encadrement**.	Rahmenhandlung

L'évolution de l'action est linéaire, **chronologique** et **ininterrompue**.	chronologisch; ununterbrochen
Le **retardement** de l'action permet de mieux comprendre les motifs des actes.	Verzögerung
Du début jusqu'à la fin de l'épisode, le temps **s'écoule** sans **indication** précise.	vergeht Angabe

L'histoire	ne débouche pas sur	une **fin**	heureuse.	Ausgang
	aboutit à		qui était **prévisible**.	vorhersehbar
	s'achève par		**tragique**.	tragisch
	se conclut par		**indécise**.	offen
	finit par une situation		**surprenante**.	überraschend
			non résolue.	nicht entschlossen
	se termine par une **tragédie inévitable**.			unvermeidliche Tragödie
	se termine **brutalement**.			abrupt
	a une issue fatale.			nimmt ein fatales Ende

Le comportement du personnage a de vives **répercussions** sur l'**aboutissement** de l'histoire.	Folgen Ausgang

Le roman	a une fin qui **laisse** beaucoup de questions **sans réponse**.	lässt offen
Le **dénouement**	est plutôt **déroutant**.	Ausgang; verwirrend
Le **déroulement de l'action**	est **inattendu**.	Ablauf; unerwartet

9.3 Les personnages – Die Figuren

Les	**personnages**	du roman sont :	Personen, Figuren
	personnages principaux		Hauptpersonen

C'est	un **personnage secondaire**	dans cette comédie.	Nebenfigur
	le **personnage central**	du roman.	zentrale Figur
	le **protagoniste.**		Protagonist
	le **héros.**		Held

Jeanne est	la **protagoniste**. l'**héroïne**. le **personnage central**.	Protagonistin Heldin Hauptfigur
Jean **joue le rôle principal**.		hat die Hauptrolle
Jeanne **joue**	un **rôle** **décisif**. / **important**.	spielt; Rolle entscheidend wichtig
Il faut toujours analyser	le **physique** / le **rang social** / la **psychologie** des personnages.	Äußere soziale Stellung Psychologie
Le **comportement** / L'**attitude**	de Pierre révèle ses sentiments. / se caractérise par…	Benehmen Haltung, Verhalten
Il existe une **relation**	**harmonieuse** / **pleine de conflits** entre les deux personnages.	Beziehung harmonisch konfliktreich
Pierre et Jean	**s'influencent réciproquement**.	beeinflussen sich gegenseitig
Pierre et Jean	**incarnent** les comportements suivants : des attitudes **hostiles**. / **contraires**.	verkörpern feindselig gegensätzlich
Le lecteur / La lectrice	**devine** / **présume** / **suppose** l'**intention** / les **motifs** des personnages.	errät vermutet ahnen; Absicht Motive, Gründe

Roland est	l'**antihéros**. l'**antagoniste**.	Antiheld Gegenspieler
Paul	**se comporte** mal envers sa femme. (ne) la **prend** (pas) **au sérieux**.	verhält sich nimmt ernst
Le **rapport** entre les personnages **évolue** avec l'action.		Verhältnis; entwickelt sich
Les personnages **prennent position**	**sur le sujet** principal.	nehmen Stellung zum Thema
Les personnages **prennent position**	**en faveur d'** / **contre** une mesure. / une décision.	für gegen

La relation entre les deux personnages est	**tendue.**	angespannt
	chaleureuse.	warmherzig
	cordiale.	herzlich
	amicale.	freundlich
	mauvaise.	schlecht
	en crise.	gestört
	troublée.	gestört
	complexe.	vielschichtig
	compliquée.	kompliziert
	conflictuelle.	konfliktgeladen
	problématique.	problematisch
	décontractée.	locker
	bienveillante.	wohlwollend
	excellente.	ausgezeichnet
	sans heurt.	reibungslos
	de longue durée.	langfristig
	solide et durable.	fest und dauerhaft
	solidaire.	solidarisch
	respectueuse.	respektvoll
	confidentielle.	vertraulich
	méfiante.	misstrauisch
	honnête.	ehrlich
	malhonnête.	unehrlich

Les personnes	entretiennent une **relation**	**amoureuse.**	Liebesbeziehung
		familiale.	Familienbeziehung
		amicale.	freundliche
		sentimentale.	Gefühlsbeziehung
		épistolaire.	Briefbeziehung
		de bon voisinage.	gutnachbarliche
		professionnelle.	Berufsbeziehung
		d'affaires.	Geschäftsbeziehung
	ont des **relations**	**d'égal à égal.**	gleichberechtigtes Verhältnis
		de supérieur à subordonné.	zwischen Vorgesetzten und Untergebenen
		de maître à esclave.	zwischen Sklavenhalter und Sklave

9.4 Le caractère des personnages – Die Charakterisierung der Protagonisten

Il **agit** toujours avec	**calme.**	handelt; Ruhe
	prudence.	Vorsicht
	bon sens.	Klugheit
Il traite les autres avec	**politesse.**	Höflichkeit
	gentillesse.	Freundlichkeit
	amabilité.	Liebenswürdigkeit
	sincérité.	Ehrlichkeit

Mais il ne donne aucun **signe**		Zeichen
	de **cordialité**.	Herzlichkeit
	d'**affection**.	Zuneigung
C'est pourquoi il ne peut pas **se lier** beaucoup **d'amitiés**.		Freundschaft schließen
Le héros de cette histoire est un homme	**sérieux**.	ernst
	réfléchi.	nachdenklich
	introverti.	introvertiert
	pensif.	nachdenklich
	discret.	diskret
	réservé.	zurückhaltend
	ambitieux.	ehrgeizig
	ennuyeux.	langweilig
	mou.	träge
	un peu paresseux.	etwas faul
Il se sent souvent	**affligé**	bedrückt
	soucieux	besorgt
	préoccupé	bekümmert
	malheureux	unglücklich
	et **a pitié de** lui-même.	Mitleid haben mit
Il rencontre Eugénie, une jeune fille	**douce**.	sanft
	gentille.	nett
	agréable.	angenehm
	honnête.	ehrlich
	sincère.	aufrichtig
	appliquée.	fleißig
	studieuse.	fleißig
	soigneuse.	sorgfältig
	modeste.	bescheiden
	heureuse de vivre.	lebenslustig, -froh
	vive.	lebhaft
	impulsive.	impulsiv
Eugénie	**se réjouit de**	freut sich an, genießt
	se contente de	sich zufriedengeben mit
	choses toutes **simples**.	einfach
Elle **se réjouit**	quand tout le monde va bien.	freut sich
Tout lui plaît		alles gefällt ihr
Tout l'enchante		sie freut sich über alles
Ses amis	**ont confiance en elle**.	vertrauen ihr
	lui font confiance.	haben Vertrauen in sie

Auguste veut **changer de vie**.	sein Leben (ver)ändern
Auguste veut abandonner sa vie **raisonnable**.	vernünftig
Auguste veut **se transformer en** un être **énergique**.	werden zu; energisch
Auguste veut se transformer en un être **dynamique**.	tatkräftig
Auguste veut se transformer en un être **courageux**.	mutig
Auguste veut se transformer en un être **hardi**.	kühn
Auguste veut se transformer en un être **audacieux**.	wagemutig
Il rêve de **risquer** sa vie pour Eugénie.	riskieren, aufs Spiel setzen
Il rêve de l'**impressionner** avec ses cadeaux **généreux**.	beeindrucken; großzügig
Il rêve de l'impressionner avec ses actes **héroïques**.	heldenhaft
Ce changement **surprend** ses amis.	überrascht
Ce changement **effraie** un peu ses amis.	erschreckt
Ce changement **étonne** ses amis.	erstaunt
Ce changement **embarrasse** ses amis.	bringt in Verlegenheit
Ce changement **déconcerte** ses amis.	verwirrt
Ce changement **désoriente** ses amis.	verwirrt
Ce changement **épate** ses amis.	verblüfft
Ce changement **rend** ses amis **muets**.	macht sprachlos
Auguste veut gagner Eugénie avec une stratégie **astucieuse**.	listig
Auguste veut gagner Eugénie avec une stratégie **rusée**.	klug
Auguste veut gagner Eugénie avec une stratégie **pleine d'imagination**.	einfallsreich
Il n'**hésite** pas **à** **tirer profit de** son ami fidèle Victor.	zögert zu; ausnutzen
Il n'hésite pas à **profiter de** son ami **fidèle** Victor.	ausnutzen; treu
Il ne le **remercie** pas.	bedankt sich
Il ne lui **témoigne** pas **sa** **gratitude**.	beweist seine Dankbarkeit
Il ne lui témoigne pas sa **reconnaissance**.	beweist seine Dankbarkeit
Comme il veut **bien se comporter**,	sich gut benehmen
Comme il veut **bien s'entendre**,	gut auskommen
Comme il veut **être poli**,	höflich sein
il **commet des erreurs**.	begeht Fehler
il fait des **bêtises**.	Dummheiten
Il l'**importune** beaucoup en étant **maladroit**.	belästigt; ungeschickt
Il l'importune beaucoup en étant **innocent**.	unschuldig
Il l'importune beaucoup en étant **naïf**.	naiv, einfältig
Il l'importune beaucoup en étant **puéril**.	kindisch
À la fin, il devient **peu sympathique**.	unsympathisch
À la fin, il devient **agaçant**.	lästig
Le rejet d'Eugénie **cause du chagrin à** Auguste.	bereitet Kummer

Il	la traite de personne **cruelle**.			grausam
	l'accuse	d'être	**ingrate**.	undankbar
			égoïste.	egoistisch, selbstsüchtig
			infidèle.	treulos
			traître.	verräterisch
			rancunière.	nachtragend
		d'avoir **trahi**	son **amitié**.	verraten; Freundschaft
			sa **fidélité**.	Treue

Quand Eugénie le rejette, il va voir un philosophe	**sage**.	weise
	estimé.	geschätzt

En parlant avec lui, Auguste	se montre	**nerveux**.	nervös
		impatient.	ungeduldig
	s'impatiente.		wird ungeduldig
	s'excite.		regt sich auf
	s'énerve.		regt sich auf

Il rentre à la maison dans un état **apathique** et meurt d'une mort **mystérieuse**.	teilnahmslos geheimnisvoll

D'autres **traits** positifs d'un personnage : — Charaktereigenschaften

Pierre est	**désintéressé**.	uneigennützig
	altruiste.	altruistisch
	vaillant.	tapfer
	charmant.	charmant
	d'un bon naturel.	gutmütig
	d'un esprit ouvert.	aufgeschlossen
	fiable.	zuverlässig
	sûr de soi.	selbstsicher, selbstbewusst
	plein d'assurance.	selbstsicher
	économe.	sparsam

Les traits négatifs d'un personnage :

L'antagoniste est	**arrogant**.	überheblich
	prétentieux.	eingebildet
	imbu de sa personne.	eingebildet
	roublard.	gerissen
	trompeur.	betrügerisch
	sournois.	hinterhältig

Le personnage principal est	un **frimeur**.	Wichtigmacher
	vraiment **avare**.	geizig
	infâme.	gemein
	méchant.	gemein

Abi

L'auteur	**dépeint** représente **affiche**	un personnage	**qui manque d'assurance.**	stellt dar; unsicher
			qui agit seulement pour son intérêt personnel.	eigennützig
			sur qui on ne peut pas compter.	stellt dar; sich verlassen auf
			jaloux de son frère.	eifersüchtig auf
			borné, étroit d'esprit.	engstirnig
			embarrassé.	verlegen
			complexé.	gehemmt
			frimeur, crâneur.	angeberisch
			venimeux.	boshaft
			superficiel.	oberflächlich
			peu fiable.	unzuverlässig
			sans scrupules.	skrupellos

Un personnage	**effacé**			unbedeutend
	superficiel			oberflächlich
	insignifiant	est	**sans détails particuliers.**	flach; eindimensional
			sans **individualité**.	Persönlichkeit
			sans **signes caractéristiques** propres.	Merkmale

La **conduite**, les **activités**, les **habitudes**, les actions et les réactions du personnage sont **révélatrices** du caractère.	Haltung; Aktivitäten; Gewohnheiten; aufschlussreich

9.5 Les perspectives et les techniques de narration – Die Erzählperspektiven und -techniken

Le texte est raconté	dans la **perspective**	d'un personnage secondaire.	*(Erzähl-)*Perspektive
	du **point de vue**		*(Erzähl-)*Perspektive
	sous la forme d'une **rétrospective**.		Rückblick

L'auteur	**raconte** les		erzählt
	évoque les		führt vor Augen
	fait le récit des		erzählt
	relate les		erzählt
	décrit les	événements **dans l'ordre chronologique**.	beschreibt; in zeitlicher Reihenfolge

Le **narrateur** La **narratrice**	parle en utilisant la première personne du singulier.	Erzähler Erzählerin

Il **utilise** ce mot		wendet an, benutzt
	pour **éveiller la curiosité** du lecteur.	die Neugier wecken
	pour que* le lecteur **s'identifie** *(subj)* au narrateur.	identifiziert sich

Le narrateur est **omniscient**.	allwissend

Le **narrateur-personnage** parle de ses expériences.	Ich-Erzähler

Il y a un **changement de perspective** dans le second chapitre.	Perspektivenwechsel
Le narrateur **résume** les événements.	fasst zusammen
Le narrateur se montre **impartial**.	unparteiisch
Le narrateur (n') **intervient** (pas) directement.	greift ein
Il **présente** les discours	stellt dar
Il **expose** les discours **au style direct**.	stellt dar; direkte Rede
Il présente / expose les discours au style **indirect**.	indirekte Rede
Il présente / expose les discours sous forme d'un **monologue intérieur**.	innerer Monolog

L'histoire est racontée par un **narrateur qui parle à la troisième personne**.	Erzähler in der dritten Person
Le narrateur a choisi d'utiliser une **perspective de narration limitée**.	eingeschränkte Erzählperspektive
Le narrateur emploie un **flot de techniques très conscientes**.	Bewusstseinsstrom
Le narrateur se révèle **peu crédible**.	unglaubwürdig
Le **narrateur** et le **protagoniste** sont identiques.	Erzähler; Protagonist
Le narrateur est le **personnage secondaire** de l'histoire.	Randfigur
Le narrateur **participe à** l'action.	nimmt teil an
Le narrateur **fait partie de** l'action.	nimmt teil an
Le narrateur **reste à l'écart, en dehors de** l'action.	bleibt außerhalb
Le narrateur **intervient** dans le cours de l'histoire.	greift ein
Le narrateur n'**apparaît** jamais dans le cours de l'histoire.	taucht auf
Le narrateur **raconte** / narre l'histoire d'une façon **objective**.	erzählt; objektiv
Le narrateur raconte / narre l'histoire d'une façon **subjective**.	subjektiv
Le narrateur semble **partial**.	parteiisch
Le narrateur **a un parti pris** dès le début.	ist voreingenommen
Le narrateur **est plein d'**idées préconçues.	hat viele
Le narrateur **prétend** avoir des idées préconçues.	behauptet
Le narrateur explique ses **pensées** par des comparaisons.	Gedanken
Le narrateur **précise** son **intention** en donnant des exemples.	erklärt genau; Absicht
Le **narrateur effacé** voit ce qui se passe avec les yeux d'un autre personnage.	personaler Erzähler
Le lecteur **s'assimile** à l'histoire **vivante**.	identifiziert sich; lebendig
Le lecteur **s'identifie** au protagoniste.	identifiziert sich
Le lecteur **partage** les pensées et les sentiments du héros.	teilt

Abi

L'auteur	**s'adresse** directement au lecteur.	spricht an
	guide le lecteur dans l'évolution de l'histoire.	lenkt
	combine plusieurs formes de narrations.	kombiniert
	veut **sensibiliser** le lecteur.	sensibilisieren
	veut que* le lecteur **éprouve** *(subj)* plus d'émotions.	empfindet

L'histoire	**se concentre sur**	un changement particulier dans l'intrigue.	konzentriert sich auf
	se focalise essentiellement	**sur** le retournement de la situation.	konzentriert sich auf
	se réduit seulement	**à** un simple aspect.	beschränkt sich auf
	se limite	**au** thème principal.	beschränkt sich auf

L'**effet de surprise** atteint son **point culminant** avec la mort du héros.	Überraschungseffekt; Höhepunkt
La **pointe** de l'histoire est le **tournant** dramatique à la fin.	Pointe; Wendepunkt
Le **summum** de la puissance est atteint avec la mort de l'adversaire.	Gipfel
Le **nœud dramatique se dénoue** à la fin de l'histoire.	Dramapunkt; löst sich
La grandeur du personnage **atteint son apogée**.	erreicht den Gipfel

L'auteur	fait une **représentation / interprétation pittoresque**.		szenische Darstellung
	décrit la situation	avec une **vue panoramique**.	Rundblick
		d'une **manière condensée**.	straffende Darstellung
		d'une **façon abrégée**.	in der gekürzten Fassung
	crée du suspense.		schafft Spannung
	entretient le suspense jusqu'au bout de l'œuvre.		pflegt die Spannung
	provoque une tension.		schafft Spannung

Les pensées du protagoniste sont présentées	sous la forme d'un **monologue intérieur**.	innerer Monolog
	sous une **forme consciente** et logique qui suit le cours des événements.	Bewusstseinsstrom
	dans un **style indirect libre**.	erlebte Rede
Le personnage principal **laisse libre cours à** son imagination.		lässt freien Lauf

La caractérisation / description est	**explicite**.	eindeutig
	implicite.	indirekt

L'auteur	**caricature** les traits du personnage et son **comportement**.	karikiert; Benehmen
	peint les côtés **ridicules** et drôles pour en faire une **satire**.	schildert; lächerlich; Satire

9.6 Les descriptions – Die Beschreibungen

L'auteur décrit les **indications scéniques**	d'une manière très détaillée.	Bühnenanweisungen
	dans les grandes lignes.	in groben Zügen

L'auteur fait une **description**	**détaillée** **générale** **globale**	du protagoniste. de la situation. de l'époque.	Beschreibung; ausführlich allgemein allgemein
	émouvante **réaliste** **satirique** **caricaturale**	du contexte culturel.	bewegend realistisch satirisch karikierend

Sa description **crée une ambiance**	**de suspense.** **mystérieuse.**	schafft eine Atmosphäre spannungsvoll geheimnisvoll

L'**atmosphère**	est	**chargée** pleine	de	**passion.** **violence.**	Atmosphäre ist geladen mit; Leidenschaft Gewalt

9.7 Les pièces de théâtre – Die Theaterstücke

C'est	une **pièce de théâtre** de Molière.	Theaterstück
	une **comédie.**	Komödie
	une **tragédie.**	Tragödie
	une **tragicomédie.**	Tragikomödie
	une pièce de théâtre **historique.**	historisch
	une **scène d'ouverture.**	Eröffnungsszene
	l'**acte final** de la pièce.	letzter Akt
	un **portrait vivant** du personnage.	lebendiges Porträt

Le **point de départ** de l'action est un conflit entre deux amis.	Anfangsmoment

La scène contient	un **flash-back.**	Rückblende
	un **retour en arrière.**	Rückblende

L'**œuvre** se compose	d'un **monologue.**	Werk; Monolog
	d'un **soliloque.**	Selbstgespräch
	de **didascalies.**	Regieanweisungen

Pour anticiper une situation, un **flash-forward** ou un **saut en avant** permet d'avoir plus d'informations.	Vorausblende

La scène suivante	**révèle**	l'**ambition** du personnage principal.	enthüllt; Ehrgeiz
		un **conflit intérieur.**	innerer Konflikt
		un **combat intérieur.**	innerer Kampf
		des **doutes.**	Zweifel
		des **scrupules.**	Skrupel
	est empreinte d'**ironie dramatique.**		dramatische Ironie

C'est une scène	**émouvante** et **pourvue d'**éléments **compréhensibles.**	berührend; mit; verständlich
	décisive puisqu'elle **met en évidence** le **lieu du crime.**	entscheidend; bringt zur Geltung; Tatort
	une scène-**clé** car elle **divulgue** des informations importantes sur la suite de l'histoire.	Schlüssel-; gibt bekannt
	impressionnante avec tous ces **effets spéciaux.**	beeindruckend; Spezialeffekte
	choquante avec des **créatures monstrueuses.**	schockierend; Ungeheuer
	ennuyeuse par manque d'action.	langweilig; mangels

La scène	**explique** pourquoi la tentative a échoué.	erklärt
	souligne l'**aspect contradictoire** des **scènes précédentes.**	unterstreicht; widersprüchlicher Aspekt; vorige Szenen

Dans une tragédie, la **passion** est plus forte que la **raison.**	Leidenschaft; Vernunft

Le **comique de gestes**	dévoile(nt) les côtés **ridicules** des personnages.	Komik der Gesten; lächerlich
Le **comique de mots**		Komik der Wörter
Le **comique de situations**		Situationskomik
Les **mots d'esprits**		Bonmots

Par une **parodie,** l'auteur **simplifie** le rôle des personnages.		Parodie; vereinfacht
Par une **farce,** il	**ridiculise** les personnes de la haute société.	Farce; macht lächerlich
	exagère les réactions des personnages.	übertreibt
Par une **caricature,** il fait une **imitation grossière** de la bourgeoisie.		Karikatur; grobe Nachahmung

L'auteur	**porte un œil critique sur**	la société.	wirft einen kritischen Blick auf
	émet de sévères critiques sur	la **vie mondaine** de l'époque.	übt harte Kritik an; weltliches Leben
	critique	les **mœurs de la société contemporaine.**	zeitgenössische Sitten
	fait preuve d'esprit critique.		zeigt sich kritisch
	se moque des défauts des personnages.		macht sich lustig über
	met en avant l'avarice, l'**hypocrisie** et la **jalousie.**		schiebt in den Vordergrund; Geiz; Scheinheiligkeit; Eifersucht
	fait l'éloge du bon sens et des bonnes mœurs.		lobt; gesunden Menschenverstand

Pour nous, c'est important de montrer que le théâtre absurde peut également donner des **éléments indicatifs** sur notre société actuelle.	Hinweise

9.8 La représentation d'une œuvre théâtrale – Die Aufführung eines Stückes

Le **metteur en scène met en scène** une œuvre théâtrale.	Regisseur; inszeniert

L'acteur			Schauspieler
L'actrice	**répète**		Schauspielerin; probt
	joue	**le rôle** de…	spielt; die Rolle

Le **rideau**	**se lève**.		der Vorhang hebt sich
	tombe.		fällt

La première actrice	**se met dans la peau** d'	Antigone.	füllt… mit Leben
	incarne le rôle d'		verkörpert

Les **spectateurs** sont		Zuschauer
Le public est	debout pendant la **représentation**.	Vorstellung, Aufführung

Au second acte,	les **figurants entrent en scène**.	Statisten; treten auf
	il y a un changement de **décor**.	Bühnenbild
	la salle se transforme en **scène**.	Bühne(nraum)

La **mise en scène**	s'est révélée excellente.		Inszenierung
La représentation	est un grand **succès** pour	la **troupe**.	Erfolg; Schauspieltruppe
		le **dramaturge**.	Dramatiker, Bühnendichter

L'avant-scène		Vorderbühne
Le **devant de la scène**	est très décoré(e).	Vorderbühne
Le **fond de la scène**	est complètement vide.	Hinterbühne
La **scène tournante**	est dans le noir.	Drehbühne
Le **balcon**	est éclairé(e).	Balkon
La **galerie**		Galerie

L'éclairage	**intensifie**	l'effet dramatique.	Beleuchtung; intensiviert
La musique	sert à **mettre en valeur**		betonen, zur Geltung bringen
Les accessoires	sont utilisés pour **amplifier**	l'atmosphère lugubre.	verstärken
	contribuent à rendre		tragen bei zu

Le **public**	**applaudit** après la représentation de la pièce.	Publikum; klatscht Beifall
	a **hué/conspué** les acteurs.	buhte aus
	a été **choqué par** la représentation.	schockiert von

L'œuvre a **enthousiasmé** les **critiques de théâtre.**	begeistert; Theaterkritiker

Les dramatiques	l'**ont accueillie avec enthousiasme**.	aufnehmen; mit Begeisterung
	ont **détruit** sa réputation.	verrissen

Nous avons choisi de	**commenter** la scène parce qu'elle nous **semblait d'un grand intérêt**.	kommentieren; von großem Interesse vorkam
	représenter la scène pour que vous puissiez avoir de plus **amples informations**.	darstellen; weitere Informationen

10 | Commenter des poèmes et des chansons – Gedichte und Lieder untersuchen

10.1 Les thèmes et la composition des poèmes – Die Themen und der Aufbau der Gedichte

Nous commentons	un **vers** une **strophe**	d'un **poème**. d'une **poésie**. d'une **ballade**. d'une **romance**. d'un **sonnet**.	Vers; Gedicht Strophe; Gedicht Ballade Romanze Sonett
Le poème	**se compose de** **compte** **peut se diviser en**	… vers. … strophes. … parties.	besteht aus zählt kann unterteilt werden in
Les deux premiers vers **se différencient du** reste de la composition.			klingen anders als
Un sonnet se compose de deux **quatrains** et de deux **tercets**.			Quartette, Terzette
Dans ce poème, deux **voix** parlent : le moi lyrique et son amant.			Stimmen
La **structure** de ce poème est	**antithétique**. **cyclique**. **complexe**. **simple**.		Struktur antithetisch *(aus Gegensätzen bestehend)* zyklisch *(zum Ausgangspunkt zurückkehrend)* komplex *(aus zahlreichen Einzelelementen bestehend)* einfach, schlicht
Le poème contient des éléments **narratifs**.			erzählerisch
Le poète passe **du général au particulier**.			vom Allgemeinen zum Besonderen
Le second tercet du sonnet contient une **synthèse**.			Synthese, Ergebnis, Zusammenfassung
Dans les deux derniers vers, le poète	**résume** fait la **synthèse** de	tout le poème.	fasst zusammen Synthese

Abi

Ce poème	a été **écrit par**… **porte le titre**… est un exemple typique			stammt von trägt den Titel
		d'un **poème** d'une **poésie**	**sur la nature**. **d'amour**. **courtoise**. **guerrière**. **romantique**.	Naturdichtung Liebesdichtung Ritterdichtung Kriegsdichtung romantische Dichtung

Le **thème** traité dans ce texte **en prose** est l'amour.	Motiv; mit erzählerischen Elementen
Le poème est une **élégie** de Ronsard.	Klagegedicht
Le poème est un poème **lyrique**.	lyrisch
Le poème est une **ode** à l'amour.	Ode
Ce poème **est divisé en** trois strophes de quatre lignes.	ist eingeteilt in
Ce poème **est composé de** trois strophes de quatre lignes.	besteht aus
Ce poème **comprend** trois strophes de quatre lignes.	umfasst
Ce poème peut être divisé en **trois unités syntaxiques.**	syntaktische Einheiten
La structure du texte poétique **révèle** une certaine **conformité**.	enthüllt; Ähnlichkeit
L'analyse de la **structure formelle** du poème est **compliquée**.	formale Struktur; kompliziert
On peut observer des **parallélismes** dans les deux premières strophes.	Parallelität
On peut observer des **correspondances** dans les deux premières strophes.	Entsprechungen
La **construction** des strophes est **régulière** et **équilibrée**.	Bau; regelmäßig; ausgeglichen
Les premières strophes **forment un tout** basé sur un schéma **initial.**	gehören eng zusammen ursprünglich
Les strophes sont construites avec la même **structure syntaxique**.	syntaktische Struktur
Par contre, il y a une **rupture syntaxique** entre les dernières.	Bruch in der Satzstruktur
Entre le début et la fin du poème, il y a un **contraste violent** dans la structure.	heftigen Kontrast
Entre le début et la fin du poème, il y a une **opposition** dans la **syntaxe**.	Gegensätzlichkeit; Satzbau
La troisième strophe a un **vers supplémentaire**.	zusätzlicher Vers
La troisième strophe **se distingue du** reste du poème.	unterscheidet sich von
La troisième strophe **est constituée d'une seule et unique phrase.**	besteht aus einem einzigen Satz

10.2 Le poète et le moi lyrique – Der Dichter und das lyrische Ich

Le **poète** a composé un poème **dédié à…**	Dichter
La **poétesse** a composé un poème **dédié à…**	Dichterin gewidmet
Le moi lyrique s'adresse à une dame.	das lyrische Ich
Le moi lyrique **se parle à lui-même**.	mit sich selbst reden
Le moi lyrique **exprime** **ses sentiments**.	drückt seine Gefühle aus
Le moi lyrique **exprime** ses **états psychiques**.	seelische Verfassung
Le moi lyrique parle **d'une manière très individuelle**.	auf sehr individuelle Art
Dans ce poème, les idées de ce siècle **se manifestent clairement**.	werden deutlich
Dans ce poème, l'auteur joue avec des **niveaux de réalité**.	Wirklichkeitsebenen

Le poème	**reflète** **est un reflet de**	les sentiments du peuple. la situation sociale de l'époque.	spiegelt wider ist ein Spiegelbild von

Abi

La **situation de communication** est	présentée **établie** **décrite** **représentée**	dans la première scène.	Kommunikationssituation hergestellt, etabliert beschrieben dargestellt
Le « moi » est représenté	par la personne qui **s'identifie** au héros. par **le poète lui-même.**		identifiziert sich den Dichter selbst
Le locuteur	s'adresse à **s'imagine** **fait référence à** **fait allusion à**	sa **bien-aimée.** être dans un pays imaginaire. une expérience vécue.	Geliebte stellt sich (geistig) vor bezieht sich auf spielt an auf
	pleure **déplore**	la mort du père. la disparition du héros.	trauert über bedauert
	juge la **position** des autres personnages. **narre** une histoire. **révèle** son caractère.		verurteilt; Einstellung erzählt enthüllt
L'interlocuteur est	**mentionné** **interpelé** **abordé**	pour la première fois à la ligne 2.	erwähnt befragt angesprochen
	subjugué **intrigué**	par les paroles de son adversaire.	gefesselt von stutzig
Le sonnet	**transmet** l'affliction du personnage **donne l'impression** d'une tristesse immense.		vermittelt gibt den Eindruck
Le lecteur	**partage l'expérience** du locuteur.		teilt die Erfahrung
	se met	**dans la position** de l'auteur. **à la place** du locuteur.	vertritt den Standpunkt versetzt sich in die Lage von

10.3 La langue – Die Sprache

Le poète La poétesse	**varie** le rythme.		variiert, verändert
	utilise une **langue**	**mélodique**. **monotone**. **rythmique**. **variée**.	Sprache; melodisch monoton rhythmisch abwechslungsreich

Le **mètre** Le **rythme** L'**emploi** de voyelles	**varie** selon les variations du contenu.	Versmaß Rhythmus Gebrauch; schwankt
Le rythme est	plein de **variations**. très **régulier**. **irrégulier**.	Variationen, Veränderungen regelmäßig unregelmäßig
Les mots **riment**.		reimen sich
La composition lyrique a des **rimes**	**alternées (abab)**. **embrassées (abba)**. **plates (aabb)**.	Wechselreim Kreuzreim Paarreim
Le poète se sert de mots **accentués sur**	**la dernière syllabe**. **l'avant-dernière syllabe**.	endbetont auf der vorletzten Silbe betont
Il s'agit d'un vers	**de plus de 10 syllabes**. **de moins de 8 syllabes**. **de moins de 5 syllabes**. **sans rimes**. **non rimé**. **libre**.	mehr als 10 Silben (besonders 12) weniger als 8 Silben weniger als 5 Silben ungereimt ungereimt frei

Les vers	à 8 syllabes à 10 syllabes à 12 syllabes	sont des	**octosyllabes**. **décasyllabes**. **alexandrins**.	Achtsilber Zehnsilber Alexandriner

Le poème	a une **structure** très **rythmée**. est écrit en **pentamètres iambiques**. est **sans rimes**.	rhythmische Struktur fünfhebiger Jambus ohne Reim
Lorsque les pentamètres iambiques ne riment pas entre eux, on parle de **vers blancs**.		Blankverse
Les **vers libres**	sont des vers inégaux dans le nombre de syllabes. n'obéissent pas à un **rythme** fixe. n'adoptent pas les mêmes **dispositions**.	freie Verse Tempo Bestimmungen
Le **mètre** poétique révèle un modèle régulier	d'accents toniques faibles et forts. de **pieds** dans un vers.	Metrum Versfüße
Les pieds métriques sont **en iambes**. L'inversion des iambes devient un **trochée**, une syllabe longue suivie d'une brève ou une accentuée suivie d'un atone.		jambisch trochäisch
Chaque strophe	a une **disposition de rimes**. se compose de **rimes suivies (aabb)**. est constituée de **rimes croisées (abab)**.	Reimschema Paareime Kreuzreime

Abi

Le poète choisit d'**alterner** les **rimes féminines et masculines**.	kreuzen; weibliche und männliche Reime
La **césure** est la coupe placée dans un vers entre deux groupes rythmiques.	Zäsur
Si un vers se poursuit dans le vers suivant, on parle d'**enjambement**. L'enjambement **réunit** les deux strophes **en un tout**. Le vers 3 **enjambe sur** le vers 4.	Zeilensprung verbindet zu einer Einheit greift über auf
Si le vers se termine au début du vers suivant, on parle de **rejet**. Si le début du vers se trouve à la fin du vers précédent, on parle de **contre-rejet**.	Zeilensprung Zeilensprung

10.4 La sonorité – Der Klang

Dans ce vers, les **voyelles** / les **consonnes** **claires** / **obscures** / **sonores** / **sourdes** **prédominent**.	Vokale hell dunkel Konsonanten stimmhaft stimmlos herrschen vor
Le vers **impressionne** le lecteur par sa **musicalité**. / **suavité**. / **sonorité**.	beeindruckt; Musikalität Sanftheit Klangfülle
Le vers se caractérise par l'**assonance**. / des **allitérations**.	Assonanz *(Vokalreim)* Alliterationen *(Wiederholungen des Anfangskonsonanten)*
La poète répète cette consonne pour **amplifier** / **accentuer** ce vers.	Kraft verleihen betonen
L'utilisation d' une **répétition** / une **alternance** de **sons** est la base d'une langue poétique.	Wiederholung Abwechslung; Laute
Pour démontrer la **beauté** de ces vers, je dois les réciter. / **lire à haute voix**.	Schönheit laut lesen
Le poète **récite** ses propres compositions.	rezitieren
La **récitation** fut d'une grande beauté lyrique. / **impressionnante**.	Rezitation, mündlicher Vortrag eindrucksvoll

10.5 Analyser des chansons – Lieder analysieren

Nous commentons	un **couplet**	d'une **chanson**	**folklorique**. **populaire**. **de Noël**.	Strophe; Volkslied Schlager Weihnachtslied

La chanson **comprend** un **refrain** et trois **couplets**.	enthält; Refrain; Strophe

Cette chanson	fait partie du **genre** populaire. est chantée par le **chanteur** Georges Moustaki. a **été reprise** par un chanteur plus jeune.	Gattung Sänger wieder aufgenommen

L'**interprète** de cette **chanson poétique** est…	Interpret; poetisches Chanson
L'**auteur-compositeur** de la **chanson engagée** est…	Autor und Komponist gesellschaftskritisches Chanson
L'**auteur-compositeur-interprète** de cette chanson est…	Liedermacher
C'est… qui a **composé** les **paroles et la musique**.	geschrieben; Text und Musik

Le texte de la chanson	contient des comporte des comprend des	**expressions familières**. **expressions figées**. **expressions toutes faites**.	umgangssprachliche Ausdrücke feststehende Ausdrücke Klischees
Le contenu du texte	**appelle** incite	**à l'évasion**. **à la rêverie**.	führt zur Flucht vor der Realität zur Träumerei

Les **paroles** de la chanson sont	**originales**. **pleines d'esprit**. **hilarantes**. **vraiment drôles**. **comiques**. **controversées**. **percutantes**.	Text; originell geistreich urkomisch umwerfend lustig umwerfend komisch umstritten heftig

C'est	l'**idée**	**directrice** **centrale**	de cette chanson.	Leitgedanke Hauptidee
	le **sujet**			Thema
	le **message**			Botschaft
	l'**idée fondamentale de la pensée** de l'auteur.			Kerngedanke

Le **chanteur** La **chanteuse**	chante	un sujet **universel** et **intemporel** comme l'amour. ses émotions avec des éléments très **expressifs**.	Sänger; allgemein bekannt Sängerin; zeitlos ausdrucksstark
	raconte son enfance **sur un ton mélancolique**.		in einem melancholischen Ton
	veut	**transmettre** un message à l'**auditeur**. **influencer** ses auditeurs.	vermitteln; Zuhörer beeinflussen

	et les **jeux de sons plongent** l'auditeur **dans un univers irrationnel**.	Klangspiele; versetzen; in eine irrationale Welt
Le rythme des paroles	est **vif, rapide** et **plein d'entrain**.	lebhaft; schnell; schwungvoll
	est **irrégulier, saccadé** et parfois **violent**.	unregelmäßig; abgehackt heftig
	appelle à la danse.	verführt zu

La **mélodie**	**crée** une **atmosphère** bien spéciale.	Melodie; schafft; Atmosphäre
	crée une **atmosphère de fête**.	feierliche Stimmung
	s'accorde bien avec les paroles.	stimmt mit … überein
	contraste avec les paroles.	kontrastiert mit
	est **joyeuse**.	heiter
	est **légère**.	fröhlich
	est **mélancolique**.	schwermütig
	est **touchante**.	anrührend
	est **sentimentale**.	gefühlsbetont
	est **enthousiasmante**.	mitreißend
	est **gaie** et **facile à se mémoriser**.	fröhlich; leicht zu merken
	est **entraînante**.	auffordernd
L'**air**	**produit** un effet agréable.	Melodie; erzeugt

Le **morceau de musique**	**suscite**	une atmosphère une **ambiance**	dramatique.	Musikstück; ruft hervor
			romantique.	Stimmung
			déprimante.	deprimierend
			solennelle.	feierlich
			lugubre.	düster
			sinistre.	schrecklich
			oppressante.	bedrückend
			triste, monotone et **morose**.	traurig; eintönig lustlos
	rend l'atmosphère encore plus **saisissante**.			ergreifend

Le chanteur	est accompagné par des **instruments électroniques**.	elektronische Musikinstrumente
	accompagne lui-même les paroles à la guitare.	begleitet
	interprète la chanson sur un modèle traditionnel.	interpretiert

L'**accompagnement** musical L'**arrangement** musical	contribue à **soutenir** les	paroles.	Begleitung; unterstützen
	accentue les		verstärkt/betont
	est en harmonie avec les		Musikarrangement; steht in Einklang
	s'harmonise bien avec les		harmonisiert
	s'accorde bien avec les		passt zu
	correspond bien aux		entspricht
	fait jeu égal avec les		passt gut zusammen
	gêne la compréhension des		stört beim Verstehen
	facilite l'**interprétation** des		erleichtert; Botschaft
	complique l'**écoute** des		Hören

L'accompagnement	est dominé par	la **basse**.		Bass
		les **percussions**.		Schlagzeuginstrumente
		le **synthétiseur**.		Synthesizer
		les **violons**.		Geigen
		les **cuivres**.		Blasinstrumente
		la **guitare électrique**.		elektrische Gitarre
	par l'orchestre	est très	**harmonieux**.	harmonisch
	au **piano**		**mélodieux**.	Klavier; melodisch
	souligne	les **états d'âmes** du chanteur.		betont; seelische Zustände
	exprime bien	les émotions de la chanteuse.		drückt aus
	met en valeur	les **hauts et les bas** de la vie.		Höhen und Tiefen
	traduit	l'idée de **confusion**.		übersetzt; Verwirrung
	donne une impression **dissonante** et **déconcertante**.			disharmonisch; verwirrend
	sonne agréablement à l'oreille.			klingt angenehm

Les **sonorités** sont **douces** et agréables à écouter.	Klänge; sanft
La **voix** du chanteur est **dure** mais **belle**.	Stimme; hart; schön

Le ton de cette mélodie est	**aigu**.	hoch
	tonique.	kräftig
	nuancé.	nuanciert
	en continu.	ohne Pause
	dominant.	dominant
	neutre.	neutral

L'**intonation**	**de la voix** du chanteur			Klang seiner Stimme
	de la phrase	est	**montante**.	Tonfall; aufsteigend
			descendante.	absteigend

11 | Analyser le style d'un texte – Die Stilanalyse

11.1 Les niveaux de langue – Die Stilebenen

Dans cette œuvre, l'auteur utilise un style	**soutenu.** **littéraire.** **familier.** **vulgaire.**	gehoben literarisch umgangssprachlich vulgär
Le style des textes littéraires peut être	**vivant.** **impressionnant.** **poétique.** **symbolique.**	lebendig eindrucksvoll poetisch, dichterisch symbolisch
Le langage **émotionnel** / **passionné** / **affecté**	des romans à l'eau de rose ne plaisent pas à tous les lecteurs.	gefühlsbetont leidenschaftlich gekünstelt
Le langage des politiciens est souvent	**vague.** **imprécis.** **rhétorique.**	ungenau ungenau rhetorisch
Les politiciens parlent souvent	**sur un ton guindé.** **sur un ton déclamatoire.**	gestelzt deklaratorisch
Dans ces textes scientifiques, l'auteur utilise fréquemment un langage	**simple.** **compliqué.** **exact.** **précis.**	schlicht kompliziert genau genau
L'auteur / Le politicien **emploie** / utilise des phrases / des **expressions**	courtes. longues.	verwendet, benutzt Ausdrücke
La commentatrice / Le commentateur se sert de tournures / **choisit** des tournures	**incomplètes.**	unvollständig, unvollendet wählt
Le chroniqueur / L'auteur / L'écrivain **utilise** / emploie des expressions / des phrases	**vulgaires.**	benutzt vulgär
Il se sert de phrases	**riches en** adjectifs.	reich an
Il se sert de phrases avec de nombreux / **dépourvues de**	**moyens stylistiques.**	Stilmittel ohne

Abi

Le langage utilisé par l'auteur est	un langage **fleuri.** **plein d'esprit.** plutôt **verbeux.**	blumig geistreich wortreich

Le poète emploie des termes provenant de la **langue**		**courante**.	Alltagssprache
		populaire.	Volkssprache
Le texte est écrit	dans un style	**formel**.	formell
		informel.	informell
		naturel.	ungekünstelt
		bref et concis.	kurz und bündig
		pertinent.	treffend
		marquant.	beeindruckend
	avec des **tournures**	**académiques**.	akademische Redewendungen
		très **élaborées**.	ausgefeilt
		sophistiquées.	anspruchsvoll, geistreich
	avec des figures de styles **variées**.		abwechslungsreich
	sur un ton très **prétentieux**.		hochtrabend
L'auteur parle	sur un ton **guindé**.		gestelzt
	avec **volubilité**.		wortreich
L'article	est écrit en **jargon** informatique.		Jargon, Fachsprache
	contient beaucoup de **termes techniques**.		Fachbegriffe
Le ton utilisé par l'auteur est		**critique**.	kritisch
		condescendant.	herablassend
		distant.	distanziert
		prosaïque.	sachlich
		mélancolique.	melancholisch
		enjoué.	scherzhaft
		sarcastique.	sarkastisch
		solennel.	feierlich
		neutre.	neutral
		décontracté.	locker
		enthousiaste.	begeisterungsvoll
		humoristique.	humoristisch
		ironique.	ironisch
		pathétique.	leidenschaftlich
		agressif.	aggressiv
		didactique.	didaktisch
La langue est		**recherchée**.	gewählt
		raffinée.	fein
		soignée.	gepflegt
		lyrique.	lyrisch
		ampoulée.	geschwollen
		nuancée.	nuanciert
		abstraite.	abstrakt
		musicale.	musikalisch
		harmonieuse.	harmonisch

L'auteur a un style	**très sobre.**	nüchtern
	classique.	klassisch
	vif.	lebendig
	original.	originell
	imagé.	bilderreich
	maniéré.	affektiert

L'auteur	utilise	des **termes spécifiques** riches et variés.		Spezialausdrücke
		un **style écrit** très élégant.		Schreibstil
		un **mode d'expression habituel** de l'époque.		übliche Ausdrucksweise
		le **langage des jeunes** pour sensibiliser le lecteur.		Jugendsprache
	se sert	de **gros mots** pour caractériser le personnage.		Schimpfwörter
		de mots	d'**argot**.	Slang
			de **verlan**.	Slang *(in dem die Silben in umgekehrter Reihenfolge gesprochen werden)*
			vulgaires pour être plus réaliste.	ordinäre Ausdrücke
			démodés.	altmodisch
			vieillis.	veraltet
			archaïques.	veraltet
		d'un langage **obsolète.**		obsolet
		d'expressions	**dépassées.**	überholt
			du **vocabulaire juridique.**	juristische Fachausdrücke
			à la mode.	Modeausdrücke

11.2 Les moyens stylistiques – Die Stilmittel

Le poète se sert de moyens stylistiques comme	la **comparaison.**	Vergleich
	l'**euphémisme.**	Euphemismus *(beschönigende Formulierung)*
	l'**hyperbole.**	Hyperbel *(Übertreibung)*
	l'**image.**	Bild
	la **métaphore.**	Metapher *(Gebrauch eines Begriffs aus einem anderen Vorstellungsbereich)*
	la **métonymie.**	Metonymie *(Gebrauch eines Begriffs für einen verwandten)*
	la **périphrase.**	Periphrase *(Umschreibung)*
	la **tautologie.**	Tautologie *(Wiedergabe eines Begriffs durch mehrere Wörter der gleichen Wortart)*

L'écrivain utilise	une **antithèse.**	Antithese
	une **énumération.**	Aufzählung
	une **question rhétorique.**	rhetorische Frage
	des **symboles.**	Symbole
	des **pléonasmes.**	Pleonasmen *(überflüssiger Zusatz zu einem Wort)*

Les images sont	**extraordinaires.**		außergewöhnlich
	inhabituelles.		ungewöhnlich
	surprenantes.		überraschend

L'écrivain veut	**accentuer**	ses idées.	betonen
	donner plus de poids à	sa thèse.	Nachdruck legen auf
	insister sur	la situation.	betonen
	souligner		unterstreichen
	illustrer		veranschaulichen

L'écrivain	**fait allusion au** passé.	spielt auf … an
	compare le présent **avec** le futur.	vergleicht mit

Les **exclamations**			Ausrufe
Les **interruptions**	**font penser aux**	fortes émotions.	Unterbrechungen; lassen denken an
	évoquent les		rufen wach
	reflètent les		spiegeln wider

Le **dramaturge**				Autor eines Theaterstücks
	utilise	**systématiquement**	des conjonctions.	wiederholt ständig
		constamment		ständig, immer wieder
		une langue **riche en clichés.**		voll von Klischees
		des expressions **emphatiques** variées.		emphatisch *(betonend)*

Il s'agit d'un **proverbe** français.	Sprichwort

Le poète emploie une langue **riche en images.**	bilderreich

Le **vocabulaire** employé est riche en	**associations.**		Wortschatz; Verbindungen
	mots	**inhabituels.**	ungewöhnlich
		empruntés à une langue étrangère.	einer Fremdsprache entliehen
	connotations péjoratives.		herabsetzende Konnotationen

Le poète emploie des	**moyens rhétoriques.**	rhetorische Mittel
	figures de style rhétoriques.	rhetorische Stilmittel
	procédés de style.	Stilmittel
	personnifications.	Personifizierungen
	litotes.	Untertreibungen
	assemblages d'images.	zusammenhängende Gruppen von Bildern
	jeux de mots.	Wortspiele
	calembours.	Kalauer
	connotations humoristiques.	humoristische Konnotationen
	bons mots.	geistreiche Bemerkungen
	digressions.	Abschweifungen

Abi

L'auteur	pose une **question rhétorique**.	Rhetorikfrage
	veut persuader son public avec des **questions oratoires**.	rhetorische Fragen
	se contredit lui-même.	widerpricht sich selber

Les phrases contiennent beaucoup de	formules d'**invocation** à la nature.	Anrufung
	termes qui font **allusion** à des éléments naturels.	Anspielungen

Une **anaphore** consiste à **répéter** le même mot au début du nouveau vers.		Anapher; wiederholen
Un **parallélisme** sert à	reprendre des **constituants d'une phrase**.	Parallelismus; Satzglieder
	réutiliser la même **construction de phrase**.	Satzbau
Un **paradoxe** est utilisé pour **contredire** une vérité.		Paradox; widersprechen

L'auteur	**soutient la thèse** qu'il va falloir **mettre en œuvre**.		vertritt die These; in Kraft setzen
	appuie sa thèse par plusieurs exemples.		stützt
Pour appuyer sa thèse, il	**présente**	deux **arguments**.	bringt vor; Argumente
	avance		bringt vor
	argumente d'une façon partiale.		argumentiert parteiisch

Il **atténue** son affirmation en disant qu'il s'était trompé dans ses calculs.	schränkt ein
Le poète procède à une **ellipse** pour **raccourcir** la longueur du vers.	Ellipse; verkürzen

Avec beaucoup d'ironie, il	exprime le **contraire** de ce qu'il veut dire.	Gegenteil
	sous-entend sa réelle intention.	gibt zu verstehen
	laisse entendre plus que ce qu'il dit.	deutet an
	trahit ses profondes **pensées**.	verrät; Gedanken
	dévoile ses vrais **sentiments**.	enthüllt; Gefühle

La **gradation**	renforce les **effets** du mot dans sa signification.	Gradation; Wirkungen
	produit un effet **croissant** sur l'interprétation de l'histoire.	verursacht; zunehmend
Le but d'une **dégradation** est de démontrer l'importance **décroissante** de l'idée.		Degradation; abnehmend

Une **allégorie**	est l'**expression** d'une idée par	une image.	Allegorie; Ausdruck
		un **tableau**.	Gemälde
		un **être vivant**.	Lebewesen
		un **symbole**.	Symbol
	permet	d'**impliquer** plus directement le lecteur dans la pensée de l'auteur.	einbeziehen
		de **présenter** les idées de façon **persuasive**.	darlegen; überzeugend
		de **persuader** le lecteur à **partager** ses sentiments.	überzeugen; teilen
		de le **convaincre** à comprendre ses **réflexions**.	überzeugen; Überlegungen

L'**absence de ponctuation** complique la compréhension du texte.	Fehlen von Zeichensetzung

Au lieu de prendre le **terme propre** « la mort », il préfère prendre l'**expression atténuée**.	eigentlicher Ausdruck abgeschwächte Form
Les expressions sont **recherchées** et adaptées au **niveau de langue**. / **ambigües/ambiguës**. / **contradictoires**.	gekünstelt; Sprachebene mehrdeutig widersprüchlich
Le style est **caractérisé par** un grand nombre de noms. / l'**abondance** des adjectifs.	gekennzeichnet von/durch Fülle
Ce sont surtout les verbes qui **dominent** dans le poème. La plupart des verbes ont un **sens négatif**.	vorherrschen negativer Sinn
La **répétition** du mot « … » dans le poème crée une certaine **monotonie**. Le mot « … » répété deux fois **contribue à** créer une **ambiance** de tristesse. L'**accumulation** d'adjectifs permet d'avoir une description très détaillée.	Wiederholung; Monotonie trägt dazu bei; Stimmung Anhäufung
Le mot « ... » mis en relief au milieu du vers **renforce** le **désespoir** du poète. La **sonorité** du mot **confère** l'**idée du beau** dans la description du paysage.	verstärkt; Verzweiflung Stimmhaftigkeit; verleiht Idee des Schönen

11.3 La compréhension orale – Das Hörverstehen

Après une première **écoute globale**, on prend connaissance de **l'essentiel**. / on apprend les **grandes lignes**.	Globalverständnis das Wesentliche Leitgedanken
Avec une **écoute détaillée** de l'œuvre, la compréhension du **message** est plus **évidente**.	detailliertes Hören Aussage; deutlich
L'**expression orale** de la personne est claire et **persuasive**.	mündliche Ausdrucksweise überzeugend
Les mots-clés permettent au lecteur de **se focaliser** sur les informations les plus importantes. / d'**orienter** le lecteur vers les **connaissances essentielles**.	sich konzentrieren orientieren; wesentliche Kenntnisse
Avec la **répétition** régulière de certains mots, le lecteur **se concentre** sur le **sujet principal**.	Wiederholen; sich konzentrieren Hauptthema
L'**intonation** sur certains mots donne des **indications** sur le **problème central**.	Tonfall; Hinweise Zentralproblem
L'auteur nous fait comprendre sa véritable **intention en insistant** sur la **prononciation** de certains mots. / **facilite** la compréhension du texte en **articulant bien**.	Absicht; durch Betonen Aussprache erleichtert; deutlich sprechen

11.4 Analyser des discours – Reden untersuchen

Le Directeur de l'entreprise	**fit** **prononça** **fit une allocution**	**un discours**	à la radio.	hielt; Rede hielt hielt; Ansprache
Le chanteur **s'adressa** au public.				wandte sich an

L'homme politique	**tient** un long discours pendant la réunion.	hält
Le meneur de la manifestation	**interpelle** la foule pour la sensibiliser.	ruft zu

Le discours a été **transmis par** la chaîne de télévision.		übertragen von
L'orateur a été **salué par des applaudissements**.		mit Applaus aufgenommen
Le contenu	a été particulièrement **bien accueilli** par le public.	gut aufgenommen
	a **eu un écho positif**.	positiv aufgenommen

Le discours	est **resté sans écho**.	fand keine Renonanz
	s'est heurté à de violentes critiques.	stieß auf
	a suscité **différentes réactions**.	gemischte Reaktionen

La présentation	a été **interrompue par**	des **vociférations**.	von Zwischenrufen unterbrochen
		des **perturbateurs**.	Zwischenrufern
	a eu un **fort impact** sur les participants.		starke Wirkung
	a eu des **effets considérables** sur la réalisation du projet.		starke Wirkung

L'orateur **prononce un discours**	politique pendant	sur l'événement.	hält; Rede
		la **campagne électorale**.	Wahlkampagne
		le **journal télévisé**.	Fernsehnachrichten
	radiodiffusé au sujet des actualités.		Rundfunkansprache

L'orateur	**présente ouvertement** ses intérêts.			stellt vor; offen und ehrlich
	parle comme **représentant**	d'un **parti** politique.		Vertreter; Partei
	expose les **objectifs**			schildert; Ziele
	représente les **intérêts**			vertritt; Interessen
	fait appel	à la **raison**	des auditeurs.	appelliert; Vernunft
		au **sens de la responsabilité**		Verantwortungsbewusstsein
	utilise	un **niveau de langue soutenu**.		gehobenes Sprachniveau
		une langue claire **d'une intensité extraordinaire**.		von einer außergewöhnlichen Dichte
	emploie	des formules **expressives** et **concises**.		ausdrucksvoll; prägnant
		des formules **vagues** difficiles à **interpréter**.		unklar; interpretieren
		un style **appellatif** dans son discours direct.		appellativ

L'orateur	**reconnaît** les aspects positifs de la **position** de	son adversaire.	erkennt; Standpunkt
	loue les **mérites** de		lobt; Verdienste
	admet les raisons données par		räumt ein
	attaque les propos de		greift an
	conteste les méthodes utilisées par		bestreitet
	déforme les **affirmations** par		deformiert; Behauptungen
	adresse une **polémique** contre		richtet; Polemik
	caractérise son adversaire **par** des termes positifs.		bezeichnet mit
	affaiblit les arguments positifs de la position adverse.		schwächt ab
	a un **grand talent verbal**.		Sprachtalent
	est un **grand styliste**.		Sprachkünstler
	s'adresse aux **auditeurs** avec des **expressions impératives**.		Zuhörer; befehlerische Ausdrücke

Le **débatteur**	commence d'abord par **saluer** son public.	Debattenteilnehmer; begrüßen
	fait d'abord un **discours de bienvenue**.	Begrüßungsansprache
	engage ensuite une **conversation.**	leitet ein; Gespräch
	sur un **sujet d'actualité**.	brandneues Thema
	introduit son exposé par une **formule de politesse**.	einführt; Höflichkeitsfloskel
	entretient une conversation très **animée**.	pflegt; belebt
	s'entretient plus particulièrement **avec** eux.	unterhält sich mit
	entretient son public des **problèmes de pollution**.	unterhält; Umweltprobleme
	sait **soutenir** une conversation sur ce **sujet délicat**.	führen; heikles Thema
	anime la conversation avec beaucoup d'**adresse**.	belebt; Geschicklichkeit
	amène la conversation **sur** un autre sujet.	bringt auf
	détourne la conversation pour aborder un autre problème de réflexion.	lenkt vom Thema ab
	change le sujet de la conversation pour **éviter un conflit**.	wechselt; einen Konflikt vermeiden

L'**orateur**	**fait un rappel des faits.**	Redner; erinnert an die Tatsachen
	expose les problèmes.	legt dar
	situe les événements **dans leur contexte historique**.	ordnet ein; in den historischen Kontext
	présente les **tenants** du projet.	stellt vor; Verfechter
	décrit le **cadre** de l'action envisagée sur un ton **convaincu**.	Rahmen; überzeugend
	énumère les possibilités.	führt auf
	argumente son opinion.	legt dar
	estime les résultats.	schätzt
	évalue les chiffres en pourcentage.	bewertet
	appuie ses arguments par des exemples concrets.	stützt auf
	fait des **objections** au projet.	Einwände
	soulève des objections quant à la résolution du problème.	erhebt Einwände

L'orateur	**critique** l'**issue** du problème.	kritisiert; Schlussfolgerung
	veut **attirer l'attention** du public.	Aufmerksamkeit lenken auf
	gagne ses auditeurs pour une idée.	gewinnt
	impose son opinion.	zwingt auf
	incite les auditeurs **à** l'action.	treibt zu
	mobilise les auditeurs à participer.	mobilisiert
	arrive au bout de son discours.	ist am Ende der Rede
	remercie son **auditoire.**	Zuhörerschaft
	conclut son discours en remerciant les personnes d'être venues.	schließt
	fait un **discours de clôture.**	Schlussrede
	clôt son **exposé** sous des applaudissements.	schließt; Vortrag

L'orateur	**transmet** clairement son **message.**	vermittelt; Botschaft
	exprime son opinion **dans des termes simples.**	drückt sich aus; in schlichten Worten
	révèle son intention **d'une manière succincte.**	bringt zum Ausdruck; kurz und bündig
	fournit des preuves aux accusations.	legt Beweismaterial vor

Le politicien	**recommande** une réduction des impôts.	empfiehlt
	réclame un autre règlement.	fordert
	pense que le projet **laisse à désirer.**	lässt zu wünschen übrig
	insinue que le Président est un menteur.	legt nahe
	laisse supposer qu'il a dit la vérité.	legt nahe
	lance des piques à l'opposant.	teilt einen Seitenhieb aus
	exprime des objections aux / **émet des réserves à l'égard des** projets du gouvernement.	äußert Vorbehalte gegen äußert Vorbehalte gegen
	formule de violentes critiques contre le responsable.	kritisiert scharf
	prête à la critique de la société.	gibt Anlass zu Kritik
	déforme la vérité.	verzerrt, verdreht
	change la **formulation** de ses **déclarations.**	Formulierung; Aussagen
	déclenche une polémique auprès de l'opposition.	setzt zu einer Polemik an
	remet en question les compétences des opposants.	stellt in Frage
	insiste clairement sur son point de vue.	besteht klar auf
	s'efforce de se persuader de la chose.	bemüht sich zu
	convainc les auditeurs d'avoir raison.	überzeugt
	veut **persuader** les auditeurs de le suivre.	überreden
	finit son discours **en rappelant le thème principal.**	wiederholt; Hauptthema

L'auteur	établit fait	une **synthèse**	**en partant des détails pour arriver à un aperçu général.**	Synthese; von den Einzelheiten bis zu dem gesamten Überblick
			des **observations** pour en tirer **le principal.**	Beobachtungen das Wichtigste
			des **faits énoncés.**	erwähnte Fakten
	fait un résumé de tout ce qui a été **formulé** auparavant.			fasst zusammen; formuliert

Sa critique	**vise** les slogans des politiciens.	zielt auf
Son **attaque**	est orientée contre les mesures de la Communauté européenne.	Angriff

Le **porte-parole** de la police résume en détails les événements de la semaine.	Sprecher

Le discours	**a débouché sur d'autres propositions.**	bei anderen Vorschlägen angelangt
	a suscité de nombreux commentaires de la part du public.	löste aus
	est une **réfutation** de la thèse **annoncée**.	Widerlegung; angekündigt
	fut très **agité**.	lebhaft
	portait sur un sujet très précis.	bezog sich auf ein genaueres Thema

Les **thèmes énoncés** à la fin du discours **n'ont plus de rapport avec** le sujet principal.	erwähnte Themen; beziehen sich nicht mehr auf

Le but du discours était	de **faire de la propagande pour** son programme.	werben für
	de **faire de la publicité en faveur de** son parti.	werben zugunsten
	d'attaquer la position **idéologique** de son adversaire.	ideologisch

Les déclarations de l'orateur étaient	**sérieuses.**	ernst gemeint
	franches.	aufrichtig
	évidentes.	eindeutig
	douteuses.	fragwürdig
	louches.	anrüchtig
	extrêmement **controversées.**	umstritten
	exagérées.	übertrieben
	polémiques.	polemisch
	subjectives.	unsachlich
	ambigües/ambiguës.	nicht eindeutig
	faciles à retenir.	einprägsam
	très longues.	sehr lang
	troublantes.	verwirrend
	déconcertantes.	beunruhigend
	fondées.	begründet
	(il)logiques.	(un)logisch
	assez faibles.	ziemlich schwach
	discutables.	anfechtbar
	pertinentes.	treffend
	valables.	stichhaltig
	plausibles.	plausibel
	plates et **insipides.**	uninteressant
	tenues sur un ton familier.	in einem vertrauten Ton

Le **ton** du discours est	**neutre** et sans éclat.	Ton; neutral
	solennel et **soutenu.**	feierlich; gehoben
	simple et **décontracté.**	einfach; locker
	chaleureux et **sympathique.**	herzlich; nett
	sec et **désagréable.**	kurz und heftig; unangenehm
	glacial et **déroutant.**	eisig; verwirrend
	humoristique et **amusant.**	humoristisch; lustig
	violent et **agressif.**	stürmisch; aggressiv

L'orateur	a	une **élocution** parfaite.	Aussprache
		un **défaut d'élocution**.	Sprachfehler
	parle	**avec beaucoup d'élocution**.	spricht redegewandt
		lentement, **clairement** et **à voix haute**.	langsam; deutlich; laut
	prononce très bien les mots étrangers.		spricht aus

Sa **manière de s'exprimer** est	lente et **inaudible**.	Ausdrucksweise; unhörbar
	incompréhensible.	unverständlich
	et **agaçante**.	äußerst ärgerlich

Dans son discours, il fait	des **intonations** sur les mots importants.	Betonung
	beaucoup de **gestes** pour **se justifier**.	Gesten; sich rechtfertigen
L'**expression corporelle** fait ressortir toutes les émotions de la personne.		Körpersprache

L'orateur	**campe sur sa position**.	hält an seiner Meinung fest
	poursuit son exposé sans être **interpellé**.	hält weiter; ins Wort fallen
	garde cependant **un contact visuel** avec son public.	hält den Blickkontakt
	(ne) **lit** (pas) **tout haut** ses **notes** sur ses **fiches**.	liest vor; Notizen; Karteien

Les interlocuteurs	**écoutent** le discours avec beaucoup d'**attention** et d'intérêt.	zuhören; Aufmerksamkeit
	glissent des **remarques** pertinentes **dans** le débat.	werfen ein in; Bemerkungen
	ajoutent des commentaires au discours.	fügen hinzu
	évitent de répondre aux questions pour rester neutres.	vermeiden

L'orateur	demande	s'il a été assez **clair**.	klar
		si le public a bien compris **ce qu'il voulait dire**.	was er meinte
		si les personnes **ont saisi** ce qu'il veut dire par là.	begriffen
		s'il doit **répéter** ses explications.	wiederholen
	est prêt à **donner** d'autres **explications** si nécessaire.		Erklärungen erteilen

12 | Commenter des textes – Texte interpretieren

12.1 Déterminer l'intention de l'auteur – Die Autorenintention benennen

L'auteur utilise … pour	**susciter**	**l'intérêt** du lecteur **pour** son œuvre.	Interesse wecken für
	éveiller		Interesse wecken für
	intéresser le lecteur **à** son œuvre.		interessieren für

L'auteur	**décrit**	la politique actuelle. les causes de l'injustice.	beschreibt
	explique		erklärt
	illustre		veranschaulicht
	explique son opinion sur		legt dar
	attire l'attention du lecteur **sur**		macht aufmerksam auf

Il est évident	qu'			es ist offensichtlich
Il est clair				
	il **plaide pour**		une discussion sans préjudice.	tritt ein für, plädiert für
	il **prend parti pour**		une position modérée.	ist für
	il **défend**	l'idée	de la liberté d'opinion.	verteidigt
	il **justifie**	la thèse		rechtfertigt

Il	cherche à	**convaincre** le lecteur	de ses idées. avec des arguments.	überzeugen
	tente de			versucht
	(n') **arrive** (pas) **à**			es gelingt ihm
	(ne) **réussit** (pas) **à**			schafft es

Dans son article, il	**appelle** le lecteur à lutter contre l'injustice.		appelliert
	incite	le lecteur à réagir.	fordert auf
	invite		fordert auf

Dans toute son œuvre, il	**solidarise avec** les marginaux.	solidarisiert sich mit
	est le porte-parole des enfants.	macht er sich zum (Für)Sprecher

Il	**attaque**	le terrorisme. l'idée d'imposer des idées politiques avec violence. l'article 5 de la loi.	greift an
	condamne		verurteilt
	critique		kritisiert
	refuse		lehnt ab
	rejette		lehnt ab

L'unique intention de l'auteur est	de **divertir**	le public.	unterhalten
	de **distraire**		zerstreuen
	d'**informer**		informieren

L'intention	de l'auteur est d'**éveiller** la **curiosité**.	wecken; Neugierde
L'objectif	de **soulever un problème** important.	ein Problem aufwerfen

L'auteur	**a l'intention de régler** le problème avec ses idées.	beabsichtigt; lösen
	poursuit le but de **réaliser** ce qu'il avait **envisagé**.	verfolgt das Ziel; verwirklichen geplant

Il	veut	**influencer** le lecteur **avec des moyens personnels**.	beeinflussen; mit persönlichen Mitteln
		exercer une influence sur son public avec beaucoup d'**éloquence**.	einen Einfluss ausüben; Wortgewandtheit
	souhaite	**sensibiliser** le lecteur **aux** problèmes des immigrés.	sensibilisieren für
	tente de manipuler le lecteur avec des **mots forts**.		versucht zu manipulieren; heftige Worte

Il	**amène**	le lecteur	à **se faire une opinion** sur sa thèse.	veranlasst; sich eine Meinung bilden
	encourage		à **adopter son opinion**.	seine Meinung annehmen
			à **s'engager dans la même voie**.	ermutigt; sich in dieselbe Richtung engagieren
			à **agir** de la même façon que lui.	handeln

Il	**dirige les réflexions**	du lecteur	**sur** le fait qu'il existe un danger réel.	lenkt die Überlegungen auf
	ouvre les yeux		**sur** cette situation difficile.	öffnet die Augen

Il **produit** chez le lecteur	un **effet de choc**.	löst aus; Schockwirkung
	une **émotion forte**.	ruft hervor; starke Emotion

Il	**rend**	le lecteur	**curieux** en lui annonçant la nouvelle.	macht neugierig
	met en garde		**contre** cette **tentative**.	warnt vor; Versuch
	avertit		des **dangers**.	warnt vor; Gefahren
	informe		**de** la **nécessité** de répondre à son appel.	informiert über; Notwendigkeit
			sur le danger des drogues.	informiert über

Il	**fait savoir**	au lecteur	qu'il n'est pas d'accord.	teilt mit
	fait comprendre		qu'il faut **prendre en compte** la situation.	macht begreiflich; berücksichtigen
	fait remarquer		que la situation **s'est** déjà **renouvelée**.	macht aufmerksam hat sich wiederholt
	recommande		**d'agir en conséquence**.	empfiehlt; entsprechend handeln

Il **s'adresse**	**personnellement au** lecteur pour qu'il puisse réagir.	wendet sich persönlich an
	plus précisément aux **sentiments** du lecteur.	ganz genau; Gefühle

Il	**attire l'attention** du lecteur sur le fait qu'il a déjà expérimenté la chose.	lenkt die Aufmerksamkeit
	fait preuve de beaucoup de connaissances à ce sujet.	beweist; guter Kenntnisstand

Il	**fait appel**	à l'**engagement** du personnage.	appelliert an; Verpflichtung
		au **bon sens** du lecteur.	Vernunft
	lance un appel à toutes les **personnes concernées par** le sujet.		betroffene Personen

Il	**signale**	que l'argument n'est pas justifié.	weist darauf hin
	avoue	que les **constatations** ne sont pas **vérifiées**.	gibt zu; Feststellungen; überprüft
	prétend	que les **observations** ne sont pas subjectives.	behauptet; Beobachtungen
	admet	avoir oublié de **mentionner** un fait important de l'histoire.	räumt ein; erwähnen

Il	**expose**	les raisons qui l'ont **amené à** écrire cette histoire.	schildert; dazu geführt hat
		les **conséquences** qui **résultent de** cette idée.	Folgen; ergeben sich aus
	donne des informations utiles à ce sujet.		erteilt
	s'appuie sur	les **résultats** d'une étude.	stützt sich; Ergebnisse
		le bilan d'une analyse pour **illustrer** le tout.	veranschaulichen
	réfléchit sur les avantages et les inconvénients que présente cette idée.		denkt nach über

Il veut	**démontrer** qu'il a raison.	beweisen
	prouver la **justesse** de sa position.	beweisen; Richtigkeit

Il	**analyse**	la situation actuelle de la France.	untersucht
	fait une analyse minutieuse de		untersucht genau
	examine à la loupe		nimmt unter die Lupe

Il	veut **distinguer**	**entre les paroles et les actions.**	zwischen Reden und Handeln unterscheiden
	fait une **distinction**		Unterscheidung

Il choisit	d'**étudier** les	différents aspects de la vie des habitants.	untersuchen
	de **faire une étude** des		eine Studie führen
		cas pris en particulier.	einzelne Fälle

L'auteur	**affirme** qu'il a toutes les raisons de croire à une amélioration.	behauptet
	prétend avoir raison sur ce sujet **controversé**.	behauptet; umstritten
	pense qu'il faut croire à une **évolution** positive.	denkt; Entwicklung
	émet une opinion personnelle très intéressante **à** ce sujet.	gibt eine Stellungnahme ab zu

Les intentions	de l'auteur	sont difficiles à **dégager**.	herausarbeiten
L'intention critique		**se révèle** à la fin de son œuvre.	offenbart sich

12.2 Commenter le point de vue de l'auteur – Die Meinung des Autors kommentieren

(Siehe auch
6.2 L'évaluation des points de vue – Beurteilung, S. 33
2.3 Commenter le point de vue de quelqu'un – Die Meinung eines anderen kommentieren, S. 17)

À mon avis, l'auteur a	**incontestablement raison/tort.**	hat hundertprozentig Recht/Unrecht
	toutes les raisons du monde de réagir ainsi.	alle Gründe der Welt

Pour dire la vérité,	je (ne) suis (pas) du même avis que lui.	offen gesagt
Pour être honnête,		ehrlich gesagt
Soit dit en passant,		nebenbei gesagt

Ce qui m'importe, c'est de	dire ce que je pense.	es ist mir wichtig
	partager cette opinion.	teilen
	contester cet état de chose.	ablehnen

Ceci me paraît	**un peu étrange.**	etwas merkwürdig
	peu convaincant.	wenig überzeugend

Son point de vue est	**jusqu'à un certain point bien fondé.**	bis zu einem gewissen Grad berechtigt
	compréhensible.	verständlich

Sa thèse n'arrive pas à **me convaincre complètement.**	überzeugt mich nicht ganz
Son argument n'est **franchement** pas valable.	eindeutig

Ce qui se passe, c'est que je ne peux pas m'identifier au protagoniste.	die Sache ist die, dass

Abi

Je **suis de l'avis de l'auteur** quand il souligne ses craintes.	bin der Meinung des Autors
J'**approuve** entièrement ce que dit l'auteur à ce sujet.	stimme zu

Je trouve	que l'auteur **fournit des arguments** très **pertinents.**	bringt vor; stichhaltige Argumente
	qu'il arrive à convaincre le public **avec d'excellents** arguments **à l'appui.**	mit; hervorragend; zum Beweis

À mon avis, l'auteur	**a tort de dire** que ce phénomène est à l'origine du problème.	hat Unrecht, wenn er sagt
	se trompe dans ses **accusations.**	irrt sich; Vorwürfe
	commet une erreur.	begeht einen Irrtum
	dans ses **prévisions.**	Voraussagen

Il y a quelques détails à **mettre au point.**	ausarbeiten
Je voudrais **mettre au point ce que** l'auteur a dit à ce sujet.	auf den Punkt bringen, was

Je voudrais **rectifier** la **contradiction** dans ce que l'auteur a **communiqué**.	berichtigen; Widerspruch mitgeteilt
Contrairement à l'auteur, je suis d'avis qu'il faut rester optimiste.	im Gegensatz zu
Contrairement à ce qu'on **pense généralement**, il faut **traiter ce cas en particulier**.	allgemein denkt; den Fall getrennt behandeln
Je **suis en contradiction avec** lui et pense autrement.	stehe im Gegensatz zu
Je **suis en opposition avec** ce qu'il vient d'**affirmer**.	stehe im Widerspruch behaupten
L'auteur **prétend que** cette solution pourrait être la meilleure.	behauptet, dass
J'aimerais **remettre en question** le point de vue de l'auteur au sujet de l'immigration en masse.	wieder in Frage stellen
J'aimerais **contester** ce **fait**.	anfechten; Tatsache
Cet ouvrage ne fournit pas de **preuve évidente** pour soutenir cette thèse.	schlüssiges Beweismaterial
En fait, les deux propos de l'auteur **reviennent au même**.	das läuft auf das Gleiche hinaus
Cela n'a rien à voir avec le sujet.	das hat mit ... nichts zu tun
Cela (a été) **déjà évoqué** au début du texte.	schon erwähnt
Cela ne sert à rien de protester contre cette décision.	es nützt nichts; protestieren gegen
L'essentiel est de dégager dans cette œuvre les différentes opinions.	das Wichtigste ist
Le principal est qu'* il puisse *(subj)* faire des **suggestions**.	was am wichtigsten ist Vorschläge
Ce qui importe, c'est qu'* il puisse *(subj)* faire des **compromis**.	worauf es ankommt, ist, dass Kompromisse
C'est juste que l'auteur **critique** cette **tendance**.	kritisiert; Tendenz
C'est juste que l'auteur a des **inquiétudes** à ce sujet.	Befürchtungen
Ce que je trouve intéressant dans cette œuvre, **c'est la manière de** décrire les éléments.	was ich interessant finde, ist die Art und Weise, wie
Ce que j'estime **essentiel** dans ce roman, c'est l'**authenticité** des faits.	entscheidend; Echtheit
Ce que je considère important, c'est le respect de la chronologie des événements.	was ich für wichtig halte, ist der Erhalt
Pour moi, **ce qui compte, c'est** d'avoir appris **l'essentiel** sur ce sujet.	was zählt, ist; das Wesentliche
Ce qui compte à mes yeux, c'est de savoir **au bout du compte** comment l'histoire va **tourner**.	was zählt; schließlich enden
Ce qui me plaît, c'est qu'il reste objectif sur cette affaire.	was mir gefällt

Je trouve	intéressant que*	ce personnage soit décrit si **minutieusement**.	sorgfältig
	curieux que*	l'auteur n'ait pas donné de **précision** sur les **origines** du personnage.	genaue Angabe; merkwürdig; Herkunft
	bizarre que*	le **décor** reste le même pendant toute l'action.	skurril; Hintergrund

Ce que je trouve étrange, c'est le fait que* tout se passe *(subj)* dans un temps irréel.	was seltsam ist
On pourrait encore aller plus loin en disant que cette histoire a été inventée.	man könnte darüber hinaus behaupten, dass

Ce qui me	**surprend,**	c'est que* l'auteur n'ait pas pensé à faire des chapitres.	was mich erstaunt
	frappe,	c'est le manque de **signes de ponctuation**.	was mir auffällt; Satzzeichen
	choque,	c'est **particulièrement** le fait qu'* il n'y ait pas d'illustration à ce sujet.	besonders; was mich schockiert
		c'est le style avec lequel il raconte l'histoire.	

Le poète	ne **tient** pas **compte** du **contexte** présent.	berücksichtigt; Zusammenhang
	ne **prend** pas **en considération** les **répercussions** qui en suivent.	berücksichtigt; Nachwirkungen
	n'est pas **conscient** des **difficultés** actuelles.	bewusst; Schwierigkeiten
	sous-estime complètement les **retombées.**	unterschätzt; Auswirkungen
	surestime son opinion.	überschätzt
	idéalise le monde dans lequel il vit.	idealisiert

L'auteur	**exagère** dans ses **propos** trop négatifs.	übertreibt; Gespräche
	a tendance à trop **généraliser** le problème.	neigt zu; verallgemeinern
	simplifie les autres **possibilités**.	vereinfacht; Möglichkeiten

En somme,	je partage les opinions de l'auteur.		zusammenfassend gesagt
	je (n') **admets** (pas)	cet argument.	lasse gelten
	je **refuse** d'accepter	cette proposition.	lehne ab

12.3 Exprimer une condition, une restriction et une opposition – Eine Bedingung, Einschränkung, Gegensätzlichkeit ausdrücken

Cependant,	je suis du même avis que l'auteur.	jedoch
Dans une certaine mesure,		in einem gewissen Maße

Si le lecteur a fait bien attention aux indices de l'auteur, alors il devinera vite la fin de l'histoire.	wenn
Il arrivera à convaincre le lecteur, **à condition qu'***il fournisse des arguments pertinents.	vorausgesetzt

D'une part,	il raconte qu'il a rencontré cette personne	**, d'autre part,**	il prétend ne pas la connaître.	einerseits …; andererseits …
D'un côté,		**, d'un autre côté,**		einerseits …; andererseits ….

Il ne peut justifier son opinion **que s'**il invoque des arguments à l'appui contre le projet.	nur wenn
Le héros dans l'œuvre doit surmonter quelques épreuves difficiles, **sinon** il n'est pas crédible.	sonst
Le personnage révèle la fermeté de son caractère à la fin de l'aventure, **sauf** sa véritable origine.	außer
Sauf erreur de ma part, l'auteur a déjà expliqué son intention au début de l'histoire.	wenn ich micht nicht irre

12.4 Faire des hypothèses – Hypothesen aufstellen

Il est possible que* l'auteur se soit trompé.	es ist möglich, dass
Peut-être qu' il s'est trompé.	es kann sein, dass
Vraisemblablement, il s'est trompé.	wahrscheinlich

Je pense que l'auteur **prend parti** pour ce plan d'intervention.	Partei ergreift
Je pense que l'auteur veut **persuader** le lecteur des avantages qui en découlent.	überzeugen
Je pense que l'auteur veut **convaincre** le lecteur des avantages qui en découlent.	überzeugen
Je pense que l'auteur **respecte** minutieusement le déroulement des faits.	beachtet
Je ne pense pas que* ce soit la véritable **intention** de l'auteur.	Absicht
J'imagine que cet **incident** a eu de graves conséquences dans la vie future de l'auteur.	stelle mir vor; Zwischenfall
Je **suppose que** ce roman va remporter beaucoup de succès auprès des lecteurs.	vermute, dass
Supposons que* la chose se passe *(subj)* telle que l'on se l'imagine, alors on pourra être satisfait.	unterstellen wir einmal, dass
Je **suis sûr(e) qu'**il va **dévoiler** le mystère de la tragédie à la fin de l'histoire.	sicher; verraten
Je **ne suis pas sûr(e) qu'*** il veuille bien nous parler davantage de ce problème.	nicht sicher
Je **doute que*** cette tentative de conciliation entre les personnages **réussisse**.	zweifle daran; gelingt
Probablement que l'auteur a raison sur ce point de vue.	wahrscheinlich
Il est probable que* le personnage change *(subj)* d'avis dans une autre situation.	es ist wahrscheinlich, dass
Il me semble que cette confrontation va **avoir des incidences sur** la suite de l'histoire.	es scheint mir; Folgen haben auf
Il ne me semble pas que* cette confrontation ait **des incidences sur** la suite de l'histoire.	mir scheint nicht

Je **trouve intéressant que*** l'auteur puisse **donner plus de détails** sur ce sujet.	finde interessant; mehr Einzelheiten geben
Je **ne trouve pas mauvais qu'*** il **fasse une analyse détaillée** du contenu de l'histoire.	finde nicht schlecht; ausführlich analysieren
J'ai l'impression que l'auteur veut **sensibiliser** le lecteur sur les problèmes de son époque.	habe den Eindruck; sensibilisieren
J'ai l'impression qu'il **se moque des** habitudes des personnes.	sich lustig macht über
Je **n'ai pas l'impression qu'*** il en sache plus sur ce sujet.	habe nicht den Eindruck, dass
Autant que* je sache, il n'a pas encore **fait ressortir** la morale de l'histoire.	soweit ich weiß; hervorheben
Je **suis persuadé(e) qu'**il ne **soulèvera** pas le problème dans le prochain chapitre.	überzeugt; ansprechen
Je **ne suis pas persuadée que*** l'histoire **se termine** *(subj)* **bien**.	nicht überzeugt; gut endet
Je **suis convaincu(e) qu'**il va changer de **comportement**.	überzeugt; Verhalten
Je **ne suis pas convaincu(e)** **qu'*** il **réagisse d'une manière positive**.	nicht überzeugt; positiv reagieren
Je **ne suis pas convaincu(e)** de son **raisonnement**.	Argumentation
Je **prétends qu'**il a tout à fait raison d'**approuver cette mesure.**	behaupte, dass; diese Maßnahme annehmen
Je **ne prétends pas qu'*** il puisse **modifier les conditions**.	behaupte nicht; die Bedingungen verändern
Admettons qu'* il ait raison.	nehmen wir an, dass

13 | Résumer quelque chose – Etwas zusammenfassen

(Siehe auch
1.6 Structurer un récit : les mots charnières – Einen Text strukturieren: die Bindungswörter, S. 12,
7.3 Analyser un article – Einen Zeitungsartikel analysieren, S. 39
12.1 Déterminer l'intention de l'auteur – Die Autorenintention benennen, S. 82)

13.1 Résumer des discussions – Besprechungen zusammenfassen

Hier, nous	**avons parlé de** **avons discuté de**	la relation entre les personnages.	sprachen wir über diskutierten wir über

Hier, **nous avons étudié** la première partie de la nouvelle de Camus.	besprachen
En peu de mots, / **En résumé,** voici les **résultats** de la discussion.	kurzum; Ergebnisse zusammenfassend gesagt
Les idées de l'auteur **se résument en** quatre points.	lassen sich zusammenfassen
Dans l'ensemble, la discussion fut très animée.	im Großen und Ganzen

13.2 Résumer des textes – Texte zusammenfassen

Le texte	**extrait** d'un journal **intitulé** « ... » qui **porte le titre** « ... » **écrit par… en…**	traite de...	entnommen aus; mit dem Titel den Titel trägt geschrieben von … im Jahre …

Dans ce texte, l'auteur	**aborde** le sujet de...		schneidet an
	défend **expose**	la thèse selon laquelle...	verteidigt legt dar

Il **commence par**	**analyser** **présenter**	la situation.	beginnt damit; analysieren beginnt damit; darstellen
D'abord, En premier lieu, **Au début,** **Pour commencer,**	il **explique**		zuerst erläutert zu Beginn, zu Anfang als Erstes

Il **continue en donnant**	des exemples qui	**confirment** **soutiennent**	son analyse.	er fährt fort, indem er gibt
Puis, **Ensuite,** il donne				dann; bekräftigen danach; stützen, untermauern

Il **termine en expliquant** les conséquences.	zuletzt erklärt er
Le texte **se termine par** une anecdote.	endet mit

À la fin, **Enfin,** **Finalement,** **Pour terminer,** **Autrement dit,**	il explique la thèse exposée dans son dernier article.	am Ende schließlich zum Schluss zum Schluss anders gesagt
Il finit par **modifier** / **rectifier**	les opinions communes sur ce sujet.	zuletzt; (ab)ändern berichtigen, richtigstellen

Abi

On peut **résumer** le texte **en quelques mots.** Le **contenu** du texte se laisse résumer **en peu de phrases.** Voici le **résumé** du texte.	zusammenfassen; in wenigen Sätzen Inhalt; in wenigen Sätzen Zusammenfassung
Dans un résumé structuré, l'auteur, le titre de l'œuvre et le **lieu** et la **date de parution** sont **cités.**	Erscheinungsort, -termin; erwähnt
L'article est **sorti dans** le journal **d'hier**… L'article a été **publié dans** le journal…	erschienen in; gestrig veröffentlicht in
Le texte **présent est tiré d'**un article **paru** le mois dernier dans le journal… Le texte est tiré de *L'Hôte* **dont l'auteur est** Albert Camus.	vorliegend; stammt aus veröffentlicht dessen Schriftsteller
Le texte est **intitulé** « … » Le texte **a pour titre** « … » Le texte **indique** déjà le sujet qui va **être traité.**	betitelt trägt den Titel gibt an; behandeln
Le titre est **suivi d'un sous-titre** qui **précise** le sujet. Pour plus de **compréhension**, l'auteur a **mis un titre** à chaque partie.	gefolgt; Untertitel; präzisiert Verständnis; betitelt
Dans l'introduction, les **idées fondamentales** du texte sont annoncées.	Grundgedanken
Le texte **traite (d') un sujet brûlant.** Le texte est le **récit biographique** d'une star de cinéma. Le texte parle d'un **sujet litigieux.** Le texte **a pour sujet** : les progrès de la médecine.	erzählt; Reizthema autobiografische Erzählung Streitfrage behandelt das Thema
Cet article **porte sur** un **thème très controversé.** Le **thème traité** dans cette revue scientifique est le cancer.	beschäfigt sich mit; umstrittenes Thema behandeltes Thema
Dans la **partie principale**, les **composantes** importantes **du texte** sont redonnées.	Hauptteil; Textinhalte
À partir des **mots-clés**, l'auteur fait un résumé du **texte d'origine** en **retenant** les idées principales.	Stichworte; Ursprungstext (wieder) aufgreift
Il **rappelle en quelques lignes** la situation générale.	erwähnt; in ein paar Sätzen
On peut **distinguer** trois **sous-parties** dans le texte. On peut **subdiviser** la deuxième partie en trois **sous-parties.**	unterscheiden; Unterteilungen unterteilen; Untergruppen
L'auteur a **structuré** le texte **en** plusieurs **paragraphes.**	gegliedert in; Abschnitte

14 | Décrire des images – Bildvorlagen beschreiben

14.1 Le type d'image – Die Bildarten

Il s'agit d' C'est Nous voyons	un **tableau** une **toile** une **esquisse** un **dessin**	de Renoir. de Picasso.	Gemälde Gemälde Skizze Zeichnung
	une **illustration**.		Illustration
	une **image** de...		Bild
	une **photo qui fait la une**.		Titel-, Umschlagbild
	une **photo** du Président.		Foto
	une **affiche** d'un groupe de rock.		Plakat
	une **caricature** d'un comédien.		Karikatur
	un extrait d'une **bande dessinée** de Goscinny.		Comic
	une **B.D**. d'Hergé.		Comic
	un **plan** de Lyon.		(Stadt)Plan
	un **plan de métro**.		U-Bahn-Plan
	une **carte** de la région de Strasbourg.		Karte
	une **gravure** de Rodin.		Stich, Radierung
	une **tapisserie** des Gobelins.		Wandteppich

Il s'agit d'	une **photo en couleurs** de la station balnéaire.	Farbfoto
	une **photo en noir et blanc** de la rue principale.	Schwarzweißfoto
	un **portrait** du dernier roi de France.	Porträt
	une **statue** d'une personne célèbre.	Standbild
	une **représentation** du vieux château.	Abbildung
	une **couverture** d'un magazine français.	Umschlag
	une **page des grands titres**.	Titelseite
	une **photo de presse**.	Pressefoto
	une **annonce publicitaire**.	Werbeplakat

14.2 Décrire et analyser des photos – Bilder beschreiben und analysieren

La photo **montre**				zeigt
Sur la photo, nous pouvons	voir apercevoir	la **cathédrale** de un **bâtiment** à un **édifice** à	Strasbourg.	Kathedrale Gebäude Gebäude
		le **palais** des Tuileries.		Palast
		la **scène** d'un film.		Szene
		un **paysage** de Provence.		Landschaft
		un **village** normand.		Dorf
		le **détail** d'un monument.		Detail

La scène	**a lieu** / **se passe** / **se déroule**	dans une rue, en hiver, de nuit.	findet statt / findet statt / findet statt

Abi

L'image sous vos yeux **représente** une **scène idyllique** en campagne.	stellt dar; idyllische Szene
Cette photo a été **prise** dans le sud de la France près de la Méditerranée.	gemacht
La photo est **floue**.	unscharf, verwackelt
La photo est très **nette**.	scharf
La photo est un **agrandissement**.	Vergrößerung
La photo a été **retouchée**.	retuschiert
La photo a été **truquée**.	gefälscht
Cette photo **me rappelle** ma dernière visite à Lyon.	erinnert mich an
Cette photo (ne) **correspond** (pas) **à l'idée que j'ai de** Lyon.	entspricht; meiner Vorstellung
Cette photo **transmet une impression chaleureuse**.	vermittelt; warmer Eindruck
Cette photo est **étonnante**.	erstaunlich
Cette photo est **déprimante**.	deprimierend
Cette photo est **répugnante**.	abstoßend
Cette photo est **extraordinaire**.	außergewöhnlich
Cette photo est **impressionnante**.	eindrucksvoll
Cette photo est **spectaculaire**.	spektakulär
Cette photo est fortement **inquiétante**.	beunruhigend
Cette photo est **typique de** ce pays.	typisch
Cette photo **crée** une **atmosphère** mystérieuse.	schafft; Atmosphäre
L'atmosphère / L'impression / L'ambiance créée par cette photo est **morose**.	düster
L'atmosphère / L'impression / L'ambiance **suscitée par** l'artiste est inquiétante.	verursacht
L'atmosphère / L'impression / L'ambiance créée par cette photo est **effrayante**.	furchterregend
Ma **réaction immédiate** en voyant cette photo a été de rire très fort.	spontane Reaktion
Ma **première réaction** en voyant cette photo a été de rire très fort.	erste Reaktion

14.3 La composition – Die Komposition

Au premier plan, / **À l'arrière-plan,**	il y a plusieurs personnes.	im Vordergrund
	nous voyons d'énormes bâtiments.	im Hintergrund
	on **découvre** une petite église.	entdeckt
	on **remarque** une toute petite fenêtre.	bemerkt
Au second plan,	on aperçoit un groupe de personnes.	Hintergrund
Au centre,	on aperçoit un groupe de personnes.	Mitte

Des animaux	apparaissent surgissent	**dans le fond.** **au centre** (de...). **au milieu** (de...). **complètement à gauche** (de...). **complètement à droite** (de...).	im Hintergrund in der Mitte (von) zwischendrin (mitten in) ganz links, links außen (von) ganz rechts, rechts außen (von)

À côté des **À proximité des** **Devant** les **En face des** **Derrière** les **À droite des** **À gauche des**	personnes,	il y a nous pouvons	 **reconnaître** distinguer voir remarquer	des maisons.	neben in der Nähe von vor; erkennen gegenüber von hinter rechts von links von

Au-dessus des maisons, le ciel était chargé de nuages.	über
En-dessous du balcon, il y a une terrasse avec des boissons **sur** une table.	unter; auf

Près des **À côté des**	personnes, il y a des maisons.	in der Nähe von neben
En haut, **En bas,** Tout **en haut, dans le coin à droite,** Tout **en bas, dans le coin à gauche,**	nous pouvons voir une maison.	oben unten obere rechte Ecke unten an der linken Ecke
La **partie** **moyenne** / **tierce** / **plus basse/inférieure**	de l'image représente la zone industrielle de la région.	obere Hälfte oberes Drittel untere(s)
Il y a un **contraste saisissant**	entre le premier plan et l'arrière-plan. entre les **effets de lumière et d'ombres.**	frappirender Gegensatz Licht und Schatten

14.4 Décrire des personnages et des objets – Menschen und Gegenstände beschreiben

Sur la photo, nous observons	deux **groupes de personnes.** différentes **silhouettes** humaines.		Personengruppen Silhouetten
	des **objets** de	**format** différent. **taille** différente. grande **dimension.**	Gegenstände; Format Größe Ausmaß

Deux hommes **apparaissent.**	erscheinen, sind zu sehen
Parmi les personnages, deux hommes **sont mis en évidence.** / **attirent le regard.**	heben sich ab die Blicke auf sich ziehen

L'homme au centre **est entouré d'**un groupe de femmes.	ist umgeben von
Dans le sens / **Dans le sens inverse** — **des aiguilles d'une montre**, nous voyons…	im Uhrzeigersinn gegen den Uhrzeigersinn
Leur **aspect physique** / **physionomie** / **apparence** — est agréable.	Aussehen Aussehen Erscheinungsbild
Ses sentiments **se reflètent** sur son **visage**.	spiegeln sich wider; Gesicht
L'**expression de son visage** montre / Les **traits de son visage** montrent — le désespoir. / de l'anxiété.	Gesichtsausdruck Gesichtszüge
Sa mimique nous **fait comprendre** ses émotions. Ses **mimiques** sont **révélatrices**.	drückt aus Mimik; verräterisch
La **position de son corps** est décontractée.	(Körper)Haltung
Ses **gestes** — montrent qu'il est en colère. / sont très **expressifs**.	Gesten ausdrucksvoll
Son énervement nous **saute aux yeux**.	springt ins Auge
La jeune fille / Le jeune homme — **a l'air sympathique**. **a mauvaise mine**. **fait jeune**. **hoche la tête** pour dire oui. **secoue la tête** pour dire non. **sourit**. **sourit ironiquement**. **plisse le front**. **fait un visage triste**. **a l'air gai**.	wirkt sympathisch sieht schlecht aus sieht jung aus nickt (mit dem Kopf) schüttelt den Kopf lächelt grinst runzelt die Stirn macht ein trauriges Gesicht sieht fröhlich aus
Afin d'exprimer plus clairement ce qu'il pense, — il **parle avec les mains**. / il **gesticule beaucoup**.	spricht mit den Händen gestikuliert viel
La **position de son corps** / Son **allure** / Son **attitude** / Sa **démarche** / Sa **conduite** / Son **comportement** — révèle ses émotions. / est bizarre.	Körperhaltung Aussehen Haltung Gang Auftreten, Verhalten Verhalten, Benehmen

Abi

Je vais vous — **décrire en détail** une photo de famille. / **commenter le langage corporel** des personnages.	in den Einzelheiten beschreiben die Körpersprache beschreiben

Les **expressions du visage** trahissent la méchanceté de la personne.	Gesichtsausdrücke
Les traits du visage sont **clairement** / **à peine** **visibles/dessinés.**	deutlich; sichtbar / kaum
Les traits du visage sont **dissimulés dans une profonde obscurité.**	in tiefe Dunkelkeit gehüllt

Tout le monde reconnaît cette personne à son profil **qui ne passe pas inaperçu.**	auffällig

J'aimerais vous décrire le **physique** du personnage.			Äußeres
C'est	un homme une femme un garçon une fille une personne	**petit(e).**	klein
		encore jeune.	ziemlich jung
		âgé(e) d'environ 20 ans.	im Alter von
		d'un certain âge.	ältere
		obèse.	fettleibig
		de taille moyenne.	mittelgroß
		corpulent(e).	korpulent
		bien bâti(e).	gut gebaut
		d'apparence sportive.	sportlich

Le personnage	donne une bonne **impression d'ensemble.**	Gesamteindruck
	est **en bonne santé.**	gesund

On reconnaît ce personnage à	ses **signes particuliers,**	Merkmale
	sa **coiffure,**	Frisur
	ses **accessoires.**	Zubehör

Il a un visage	**rond au teint pâle** avec **des yeux bruns.**	rund; hellhäutig; braune Augen
	ovale au teint **mat** avec des yeux **verts.**	oval; dunkelhäutig; grün
	tout en longueur au teint **basané** avec des yeux **bleus.**	lang; dunkel; blau
	fin.	fein

Ses cheveux sont	**courts, crépus** et bien **coiffés en brosse.**	kurz, gekräuselt; mit einer Bürste frisiert
	roux, mi-longs, frisés et **tressés.**	rothaarig; mittellang; kraushaarig; geflochten
	teints en rouge, bouclés et **mis en queue de cheval.**	rot gefärbt; lockig; zu einem Pferdeschwanz gebunden
Elle est	**frisée comme un mouton.**	Krauskopf
	chauve.	kahlköpfig
C'est un homme **blond frisé.**		blondgelockt

Le personnage	a	des **taches de rousseur.**	Sommersprossen
		une **cicatrice** sur la **joue droite.**	Narbe; rechte Wange
		un **grain de beauté** sur le menton.	Muttermal
	porte	une **barbe.**	Bart
		une **moustache.**	Schnurrbart
		des **lunettes.**	Brille

Le sportif a	un **nez**	**en patate.**	Kartoffelnase
		en trompette.	Himmelfahrtsnase
		crochu.	Hakennase
		grec très marquant.	griechische Nase
		aquilin.	Adlernase
	une **bouche**	**énorme.**	riesiger Mund
		en cœur.	zierlicher Mund
	des **lèvres**	**fines.**	feine Lippen
		bien dessinées.	schön gezeichnet
		sensuelles.	sinnlich
		minces avec du rouge à lèvres.	schmal; mit Lippenstift
	un **menton**	**en galoche.**	vorspringendes Kinn
		pointu.	spitzes Kinn
	un **front très dégagé.**		Denkerstirn
	un **très grand** front.		hohe Stirn

Elle est **maquillée.**	geschminkt

Elle porte	ses **bijoux** dans son **sac à main.**	Schmuck; Handtasche
	des **gants**, un **chapeau** et une **écharpe.**	Handschuhe; Hut; Schal
	des **boucles d'oreilles**, une **bague**,	Ohrringe; Ring
	un **collier** et un **bracelet.**	(Hals) Kette; Armband

Elle est **vêtue**	**d'**une **robe décolletée**, moderne de couleur claire.	bekleidet mit; dekolletiertes Kleid
	d'une **robe de soirée s'arrêtant aux genoux.**	Abendkleid; knielang
	de **souliers foncés à hauts talons** très chics et élégants.	Schuhe; dunkel; mit hohen Absätzen
	d'un long **manteau en feutrine** avec des **bottes en cuir** noir.	Filzmantel; Lederstiefel
	de vêtements **démodés de coupe classique.**	altmodisch; klassisch

Son **accoutrement** lui donne une **allure** sale, **négligée** et **désordonnée.**	Aufmachung; Erscheinung vernachlässigt; verwirrt

C'est un **bel homme, séduisant** et plein d'humour.	gutausehend; anziehend
Cette femme est **d'une laideur repoussante.**	abstoßend hässlich
Par contre, la jeune fille est **jolie, même ravissante** et charmante.	hübsch; sogar hinreißend

C'est une personne	**gaie, gentille, chaleureuse,**	heiter; nett; herzlich
	aimable, serviable,	freundlich; hilfsbereit
	sympathique, modeste,	sympathisch; bescheiden
	plutôt réservée,	eher zurückgezogen
	spontanée, impulsive,	spontan; impulsiv
	sûre de soi,	selbstsicher
	faible, crédule,	schwach; leichtgläubig
	imprudente, insouciante, naïve,	unvorsichtig; leichtsinnig; naiv
	peureuse, indécise, molle,	ängstlich; unentschlossen; weich
	passive et **lâche.**	passiv; feige

Il se comporte Elle se conduit	d'une manière d'une façon	**hypocrite** et **manipulatrice.** **autoritaire** et **égoïste.**	heuchlerisch; manipulierend herrisch; egoistisch

Elle est d'un esprit **ouvert, pas compliqué** et **généreux.**	aufgeschlossen; unkompliziert großzügig
Ses **traits de caractère trahissent** sa **véritable nature.**	Charakterzüge; verraten; echte Natur
Son comportement **dégage une impression** de **rigidité** et d'autorité.	den Eindruck machen Unnachgiebigkeit
Sa **manière d'agir** montre un **bon caractère** et de **bonnes manières.**	Handlungsweise; guten Charakter; feine Manieren
Sa **manière de s'exprimer** indique qu'il a une forte **personnalité.**	Ausdrucksweise; Persönlichkeit
Son **attitude** montre qu'elle a dû passer un mauvais moment.	Körperhaltung
L'auteur **campe** le personnage **avec vigueur et précision.**	beschreibt; mit Nachdruck und Genauigkeit

Le personnage **a l'air**	**triste.**	sieht traurig aus
	heureux.	glücklich
	étonné.	erstaunt
	effaré.	verstört
	endormi.	verschlafen
	décontenancé.	fassungslos
	d'avoir mal.	Schmerzen zu haben
	de souffrir.	schmerzerfüllt
	maladif.	kränklich
	anxieux.	ängstlich
	mal dans sa peau et mal à l'aise.	sich in seiner Haut unwohl fühlen

Il **adresse** un **regard**	**vif**	à la victime.	wirft einen wachen Blick zu
	vide		blickt ins Leere
	foudroyant		vernichtend
	perçant		Röntgenblick
	brillant		leuchtend
	doux		sanft
	malicieux		verschmitzt
	sensuel		sinnlich
	expressif		ausdrucksvoll
	menaçant		drohend
	profond		tief

Le héros	**dévore**	la jeune fille **du regard.**	verschlingt; mit den Augen
	foudroie		tötet mit Blicken
	fusille		erschießt
	perce		durchbohrt
	mitraille		beschießt

Elle **se tient** / Elle est	**debout** dans le jardin.	steht aufrecht
	courbée sur le berceau du bébé.	gebeugt
	couchée sur le divan en train de lire.	liegt
	à genoux pour ramasser le billet.	kniet

Elle	**lève les bras au ciel.**	streckt die Arme gen Himmel
	lève l'index pour montrer…	erhebt den Zeigefinger
	lui **tend la main.**	reicht die Hand
	croise les bras.	verschränkt die Arme
	se tient les bras croisés.	mit verschränkten Armen
	a **les bras ballants.**	untätig
	a **les mains dans les poches.**	die Hände in den Hosentaschen

14.5 Décrire et analyser des tableaux – Gemälde beschreiben und analysieren

La scène est	**caractéristique** / **typique**	de ce peintre.	charakteristisch / typisch

Ce tableau	**exprime**	**comment** le peintre voit la réalité.	drückt aus, wie
	montre	**qu'**il existe une relation entre le peintre et Picasso.	zeigt, dass
	est une **expression vivante** de / **représente**	la vie dans un village.	lebendiger Ausdruck / stellt dar
	symbolise	les douleurs du peuple juif.	symbolisiert

Le tableau	**met en scène**	un événement important.	inszeniert
La **peinture à l'huile**	décrit	un **paysage de campagne** enneigé.	Ölgemälde; Landschaftsbild
La **toile**	**dépeint**	la société de l'époque.	Leinwandgemälde; veranschaulicht

Le style est très	**figuratif.**	gegenständlich
	réaliste.	wirklichkeitsnah
	très **abstrait.**	abstrakt

Les couleurs sont très	**claires.**	hell
	foncées.	dunkel
	ternes.	stumpf
	mates.	trübe
	crues.	grell
	lumineuses.	leuchtend
	vives.	kräftig

Picasso	**vise à**	présenter / **montrer**	les horreurs de la guerre.	zielt darauf ab / aufzeigen
		éveiller	nos impressions sur son tableau.	erwecken

La colombe	est **le symbole de** **symbolise** est l'animal **symbolique de** **représente**	la paix.	ein Symbol für symbolisiert symbolisiert repräsentiert

Ce qui	**attire le regard** **saute aux yeux**	du spectateur, c'est l'**ambiance** triste.	lenkt die Aufmerksamkeit auffällt; Stimmung

Ce qui me	**plaît,** déplaît, **surprend,** **frappe,** **choque,**	c'est	la **perfection** des détails. l'**ordre illogique** des éléments. la **richesse** des couleurs utilisées. la **diversité** des objets représentés. le **manque de mouvement.** l'**absence d'expression.**	gefällt; Perfektion unlogische Reihenfolge erstaunt; Vielfalt auffällt; Vielfältigkeit schockiert; Bewegungslosigkeit Ausdruckslosigkeit

Le tableau	**produit** **fait**	une **vive impression** une **forte** impression	**sur** le spectateur. **sur** le contemplateur.	hinterlässt bei; großen Eindruck macht auf; groß

Il **se dégage** de ce tableau	une **atmosphère**	**de désordre.** **confuse.**	geht aus; Stimmung der Unordnung verwirrend

Tout ce qu'on voit sur cette illustration permet de penser que l'auteur menait une vie excentrique.	alles was auf dieser Abbildung zu sehen ist, lässt denken

En regardant ce tableau, **Face à la scène représentée,**	je **peux bien m'imaginer** comment les personnes ont vécu. je **me sens mal à l'aise.**	bei der Betrachtung dieses Bildes beim Betrachten der Szene kann ich mir gut vorstellen fühle mich schlecht

Je sais **par expérience** que **Selon mon expérience,**	le peintre a vécu des moments difficiles.	aus Erfahrung nach meiner Erfahrung

Autant que* je sache, ce peintre est un peintre **impressionniste.**	soviel ich weiß; Impressionist
D'après ce que je sais, il **privilégie** certaines couleurs.	meines Wissens; bevorzugt

Si je ne me trompe pas,	il a pris des personnes de son **entourage** comme **modèles.**	wenn ich mich nicht täusche Umgebung; Modelle
Si je me rappelle bien,	il a **exposé** ses œuvres dans un autre musée.	wenn ich mich recht erinnere; ausgestellt

J'ai des **doutes** sur l'**interprétation** de ce tableau.	Zweifel; Interpretation
Il a **probablement** voulu **retracer** sa solitude.	wahrscheinlich; schildern

14.6 Analyser des bandes dessinées et des caricatures – Comics und Karikaturen analysieren

La	**succession** **séquence** **série**	**d'images** forme une histoire.	Bilderfolge Bilderfolge Folge, Serie

Sans devoir lire les **bulles,** **Si nous regardons** les dessins,	on comprend la **bande dessinée.**	ohne zu lesen; Sprechblasen beim Anschauen Comicgeschichte

Sur la	première seconde troisième	**image,**	il y a trois personnages. **on peut voir qu'**il pleut. **on voit comment** les personnages agissent.	(Einzel)Bild kann man sehen, dass sehen, wie

Abi

Une **B.D.** est l'histoire de personnages représentée en plusieurs **suites d'images organisées.**	Comic Fortsetzungsgeschichte
Cette B.D. est présentée en **planche originale.** / **illustré.** / **petit format.**	Farbtafel Illustrierte im kleinen Format
Les **albums** de Tintin et Milou ont une **mise en page** très claire et bien structurée.	Comicheft; Layout
Le dessinateur a privilégié la « **ligne claire** » en **mettant l'accent sur** les **contours.** / les **détails.**	franko-belgischer Stil betonen; Konturen Details
Il **attache** une **grande importance** aux expressions.	misst bei; große Bedeutung
Ce style classique utilise peu d'**ombres** et de **hachures.**	Schatten; Schraffuren
La **planche** ou **page entière** de B.D. est composée de plusieurs **bandes** ou « **strips** » **d'images** très **colorées** avec des dessins très **stylisés.**	Bildtafel; Strip Strip; bunt; stilisiert
Les **vignettes** ou **cases** permettent de découvrir le **cadre** de l'action à un certain temps.	Feld; Rahmen
Cette case contient un **récitatif** pour plus de précisions sur la situation.	Rezitativ
Les **bulles** expriment les pensées, les sentiments et les paroles du personnage.	Sprech- oder Denkblasen
Avec l'utilisation d'**onomatopées,** l'histoire devient encore plus réaliste et plus dynamique.	lautmalendes Wort
Grâce à l'**idéogramme,** nous découvrons les nouvelles **pensées** du personnage.	Ideogramm; Gedanken
Le **lettrage** peut exprimer les émotions et l'intensité de la voix.	Schrift
Le **dessin humoristique** ou **satirique commente** la politique actuelle du gouvernement.	Karikatur; kommentiert
Pour ce collage, l'artiste a **combiné** plusieurs éléments dans la **composition** de son œuvre.	aufgeklebt Komposition

Avec ce **dessin** très expressif, l'auteur	**se moque**	**du** premier ministre.	Zeichnung macht sich lustig über
	fait la satire	**d'**un personnage célèbre.	spottet über
	raille	la politique.	verspottet

La bande dessinée est	un **moyen d'expression** pour **divertir.**	Ausdrucksmittel; unterhalten
	hilarante.	urkomisch
	repoussante/dégoûtante.	abstoßend
	de mauvais goût.	geschmacklos
	très **controversée.**	umstritten
	provocante.	provozierend
	pauvre en péripéties.	handlungsarm

L'**intention** du **dessinateur** est de nous mettre en garde. — Absicht; Zeichner

Le dessinateur	**laisse courir son imagination** pour dessiner un monde futur.	läßt seiner Fantasie freien Lauf
	donne cours à sa fantaisie pour **s'inventer** un nouveau personnage.	läßt seiner Fantasie freien Lauf; (sich) erfinden
	se représente un avenir avec beaucoup de **fantaisie.**	stellt sich vor Fantasie
	mêle l'**imaginaire** et les **inventions** scientifiques.	mischt; Imaginäre; Erfindungen
	raconte un fait **inexplicable, incroyable** et **surnaturel.**	unerklärlich; unglaubwürdig übernatürlich
	fait une **reproduction détaillée** de l'époque.	detaillierte Nachahmung

Les personnages	sont **dépeints dans les moindres détails.**	bis ins kleinste Detail geschildert
	peuvent **figurer** dans des actions **humoristiques.**	auftreten; humorvoll
	rentrent en action dans des **aventures à rebondissements.**	Abenteuer voller überraschender Wendungen

Les **péripéties** du héros sont **spectaculaires** et **fascinantes.** — Erlebnis; spektakulär; faszinierend

14.7 Décrire des plans et des cartes – Stadtpläne und Karten beschreiben

Le village	**se trouve**	**dans le nord**	du continent.	befindet sich; im Norden
	est (situé)	**dans le sud**	du pays.	ist, liegt; im Süden
		dans l'est	de la région.	im Osten
		dans l'ouest		im Westen
		dans le centre		im Zentrum, in der Mitte
		dans l'intérieur du pays.		im Landesinneren
		au nord	de cette ville.	nördlich
		au sud	du fleuve.	südlich
		à l'est	de la côte.	östlich
		à l'ouest	des montagnes.	westlich
		près	de la frontière.	in der Nähe
		loin		fern

Le village se trouve / est (situé)	**aux bords** de la ville. **entre** Nantes et Brest. **sur la côte.**	am Rande zwischen an der Küste
Entre Strasbourg **et** Lille, **il y a … km (de distance)**.		sind… voneinander entfernt
Rennes **est à … km (de distance) de** Brest.		ist … km … von … entfernt

Abi

La rue se trouve	dans le **quartier périphérique** de Paris. dans la **banlieue** de Paris.	Außenbezirk Vorort
L'église est	**proche** **du** Parlement. **à proximité** **du** Parlement.	in der Nähe von in der Nähe von
Quelle est la **distance** entre Paris et Marseille ? C'est **à environ** 2 **heures** de Paris.		Entfernung ungefähr; Stunden entfernt
Une **carte physique** montre Une **carte politique** montre	la **surface terrestre.** les pays.	physische Karte; Erdoberfläche politische Karte

Abi

14.8 Commenter des statistiques – Sich mit Statistiken auseinandersetzen

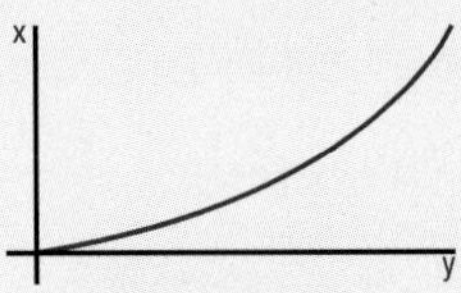

diagramme à courbe

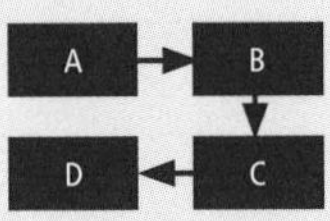

organigramme organisationnel

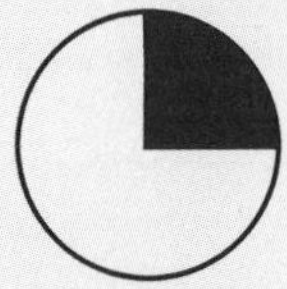
diagramme en camembert

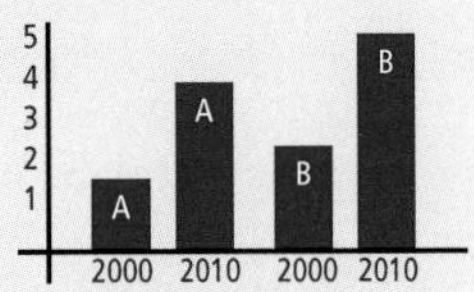

diagramme en bâtons

Un **diagramme** est un dessin utilisé pour **illustrer** une **tendance.**		Diagramm; darstellen; Tendenz
Un **diagramme à courbe**	montre l'évolution de plusieurs **variables**. représente sous la forme de courbes **les hauts et les bas** d'un phénomène.	Linien-, Kurvendiagramm Variablen Höhen und Tiefen
Le **diagramme en bâtons/à barres**	montre une hausse régulière du chômage. exprime en pourcentage les résultats d'une analyse.	Balken-, Säulendiagramm
Un **diagramme en camembert** Un **diagramme circulaire**	représente un **cercle divisé** en plusieurs **sections.** **schématise** la **répartition** des **voix après les élections.**	Tortendiagramm; geteilter Kreis; Schnitte Tortendiagramm; stellt schematisch dar; Verteilung; Wahlstimmen

D'après l'**enquête**, de plus en plus de personnes travaillent dans le **secteur tertiaire**.			Umfrage; Dienstleistungssektor
D'après les données scientifiques, il y aura régulièrement de plus en plus de **procédés numériques**.			nach den wissenschaftlichen Angaben; digitale Verfahren
Selon ce tableau, on peut constater une **progression égale à… % du nombre de…**			laut dieser Tafel; gleiche Zunahme von … in Höhe von …%
Le tableau est une **présentation graphique** des secteurs économiques.			grafische Darstellung
Il est important Il est recommandé	d'**interpréter** correctement des diagrammes.		deuten
	de lire d'abord la **légende** du **croquis**.		Legende; Skizze
	de consulter le **complément d'information**.		erklärender Zusatz
	de faire des statistiques **à titre explicatif**.		erklärend
Le diagramme montre	une **tendance à la hausse**.		aufsteigende Tendenz
	une tendance **à la baisse**.		absteigend
	une baisse **dramatique** une **chute spectaculaire**	des ventes. des profits.	dramatisch beachtlicher Abstieg
Un **organigramme organisationnel** illustre les différentes étapes d'un processus.			Flussdiagramm
L'organigramme **révèle**	les **liens fonctionnels entre les services**.		zeigt; Dienstverhältnisse
	l'**ordre hiérarchique** entres les personnes.		hierarchische Ordnung
Un diagramme	est le **résultat exprimé en pourcentage** d'une **comparaison** de toutes les **données**.		prozentuales Ergebnis; Vergleich; Angaben
	démontre la **corrélation** entre la criminalité et la pauvreté.		legt nahe; Zusammenhang
	représente visuellement le résultat des **bilans annuels**.		stellt visuell dar; Jahresbilanz
	visualise les **pronostics** de ventes pour l'année prochaine.		veranschaulicht; Prognosen
	vérifie les **informations orales** par des exemples concrets.		überprüft; mündliche Informationen
On **constate**	une **forte tendance à la hausse** pour cette année.		stellt fest; starke Aufwärtstendenz
On **note**	une **nette tendance à la baisse**.		stellt fest; eindeutige Abwärtstendenz
On **enregistre**	une **légère baisse** des naissances.		verzeichnet; leichten Rückgang
	une **légère montée** une **hausse** sensible une **augmentation**	des prix.	leichten Anstieg Zunahme Anstieg
	un **recul** du nombre de **décès**.		Rückgang; Sterbefälle

Abi

Les **informations hors-texte** permettent	de **clarifier** les données. de **vérifier** l'hypothèse formulée dans l'**exposé**.	außertextliche Informationen Licht bringen in überprüfen Lagebericht
L'auteur	**émet l'hypothèse** d'une prochaine **amélioration**. veut justifier ses **prévisions économiques** par des exemples concrets.	nimmt an; Verbesserung Wirtschaftsprognose
Les **graphiques**	permettent de nous **imaginer** plus clairement la situation. **renforcent** le **message** que vous voulez transmettre.	Schaubilder; vorstellen unterstreichen; Botschaft

14.9 Analyser des tendances – Entwicklungen analysieren

J'aimerais vous parler de l'**évolution** des **tendances actuelles**.		Entwicklung; aktuelle Tendenzen
Environ plus de **À peu près** **Près de**	la moitié du stock des marchandises a été vendue. 60% des nouveaux articles ont été écoulés en Europe.	ungefähr; mehr als circa fast
La plupart des La **majorité des** Une **minorité de**	personnes ont voté pour la **réalisation** de ce projet.	die meisten; Verwirklichung Mehrheit Minderheit
La tendance **s'est développée de façon régulière** par personne, par an et selon le cas.		wirkt regelmäßig
C'est une **étude selon l'âge** et la profession de la personne.		Studie; nach dem Alter
Le **nombre d'**étrangers habitant en France Le **taux** d'immigrés d'Afrique du Nord Le **pourcentage** de chômeurs	représente environ X% de la population **totale**. **s'élève à** … **a diminué** pendant les derniers mois.	Anzahl an gesamt Rate; beläuft sich auf zurückgegangen Quote
La **population** d'origine maghrébine **a augmenté** considérablement en proportion de la population française.		Bevölkerungsanteil; zugenommen
Les trois quarts des voyageurs ont préféré venir en avion. Cela représente **le double** de réservations par rapport à l'année dernière. Ce produit coûte pratiquement **le triple** dans un pays européen concurrent.		drei Viertel das Doppelte das Dreifache
Les salaires Les **exportations** à l'étranger	ont **baissé de** 5% depuis la crise mondiale. **ont triplé** depuis ces trois dernières années.	gesunken um Ausfuhren; verdreifacht

Depuis l'augmentation des salaires, les achats	ont **augmenté** dans certains secteurs.	gestiegen
L'activité économique **progresse régulièrement**.		verbessert sich regelmäßig
Par contre, les coûts de fabrication ne font que **progresser à la hausse**.		im Gegensatz dazu; in die Höhe steigen
En revanche, les dettes des pays **diminuent** avec la **relance de l'activité économique**.		dagegen; gehen zurück; Konjunkturbelebung
En conséquence, la **balance commerciale** déficitaire va **décroître légèrement** selon les prévisions optimistes.		Handelsbilanz; leicht nachlassen
En comparaison aux / **Par comparaison avec** les	prévisions de l'année dernière, le bilan est plutôt positif et **concluant**.	im Vergleich zu; verglichen mit / im Vergleich zu; erfolgreich
Comparés à l'année dernière, les prix des produits alimentaires	**sont en forte hausse**.	verglichen mit; schießen nach oben
	ont **diminué**.	abgenommen
	ont **chuté**.	gefallen
	se sont effondrés.	abgestürzt
Quand on **compare** les deux pays,	on constate qu'ils suivent un **même développement**.	vergleicht; dieselbe Entwicklung
	on **remarque** une nette différence d'interprétation.	bemerken
	on **note** qu'ils **dépendent** l'un de l'autre.	stellen fest; hängen ab
À la différence des années précédentes, les **échanges** culturels **se sont multipliés**.		im Unterschied zu; Austausche; vermehrten sich
Le **volume des échanges** avec les pays africains est **aussi** important **que** celui avec les pays asiatiques.		Austauschvolumen; genauso … wie
Les commandes en Afrique sont cependant beaucoup **plus élevées qu'**en Chine.		viel höher als
Cet article est **beaucoup moins utilisé** à notre époque que dans le passé.		viel weniger gebraucht
Beaucoup moins de personnes préfèrent vivre en ville.		viel weniger
On s'attend à une année **un peu moins bonne par rapport à** l'année dernière à cause de la crise.		weniger gut; im Verhältnis zu
Par rapport aux chiffres réalisés l'année passée, l'entreprise a doublé ses effectifs.		im Verhältnis zu
La France **est en recul par rapport aux** autres pays dans le domaine informatique.		bleibt zurück hinter

15 | Analyser des moyens audiovisuels et des films – Audio-visuelles Material und Filme analysieren

15.1 La classification – Arten

Il s'agit de l'**enregistrement** d'une chanson.	Aufnahme
Il s'agit d'un **exercice de compréhension orale**.	Hörverstehensübung
Il s'agit des **informations** du 18 juin.	Nachrichten
C'est une scène extraite d'un **spot publicitaire**.	Werbespot
Nous allons écouter un **CD** (**disque compact**).	CD
Nous allons écouter une **cassette**.	Kassette
Nous allons voir la **séquence** d'un film sur la vie des jeunes.	Sequenz
Nous allons voir l'**extrait** sur la vie des jeunes.	Ausschnitt
Nous allons voir un **long métrage** sur la vie des jeunes.	Spielfilm
Nous allons voir un **court métrage** sur la vie des jeunes.	Kurzfilm
Nous allons voir un **documentaire** sur la vie des jeunes.	Dokumentarfilm
Nous allons voir un **épisode** de la **série** « … ».	Folge; Fernsehserie
Nous allons voir un **épisode** du **feuilleton** « … ».	Fernsehserie
Nous allons voir une **interview** avec un joueur de football.	Interview
Nous allons voir une **vidéo** d'une chanteuse belge.	Video(clip)
Nous voyons actuellement le **générique** d'un film.	Vor-, Abspann
Nous allons lire un passage intéressant du **scénario**.	Drehbuch
Il s'agit d'un film **en version originale sous-titrée**.	Originalfassung mit Untertiteln
Il s'agit d'un film **sous-titré**.	untertitelt
Il s'agit d'un film **doublé**.	synchronisiert
Beaucoup de films perdent en qualité avec le **doublage**.	Synchronisation

Abi

On lui a proposé de **modérer** un **talk-show**.	moderieren; Talkshow
On lui a proposé de **modérer** un **jeu télévisé**.	Spielshow
Des millions de personnes ont regardé la **transmission en direct** de la cérémonie.	Live-Sendung
Il regarde la **rediffusion** de l'accident mortel.	Wiederholung
Les **émissions de télé-réalité** mettent en scène des personnalités célèbres.	Reality-TV Sendung
Le **film-pilote** a été tourné en octobre.	Pilotfilm

Les **actualités** **informe(nt) sur** les nouveaux événements.	Nachrichten berichten über
Le **bulletin d'informations**	Kurznachrichten
Les **informations du soir**	Spätnachrichten
Un **flash d'information** sur l'écran de l'aéroport annonce que la grève est terminée.	Kurzmeldung
Le show s'est transformé en une **émission publicitaire longue durée** pour un nouveau livre.	Dauerwerbesendung
Ils ont généralement trois **pauses publicitaires** / **pauses pub** / **pages de publicité** par heure.	Werbepausen Werbepausen Werbepausen
L'**épisode** de la dernière nuit a introduit un nouveau personnage.	Episode, Folge
On a exigé de la chaîne de télévision de **sous-titrer** les programmes.	mit Untertiteln versehen
La série américaine est **diffusée** / est **transmise** sur les chaînes de télévision câblées.	ausgestrahlt gesendet
À l'avenir, les **vidéos sur Internet** pourront remplacer les médias conventionnels.	Webvideos
Le **podcasting** ou la **diffusion pour baladeur** ou **baladodiffusion** permettra l'écoute immédiate d'émissions audio ou vidéo.	Podcasts
La **comédie met en scène** deux acteurs français très connus.	Komödie; bringt auf die Bühne
Cette pièce de théâtre a remporté un **grand succès**. / un **succès au box-office**.	Kassenschlager, Kinoerfolg Kassenschlager, Kinoerfolg
Cette pièce de théâtre a **fait un tabac** auprès du public.	Kassenschlager
Les **dessins animés** / Les **films d'animation** sont de plus en plus populaires.	(Zeichen)Trickfilme Animationsfilme
Le régisseur est célèbre pour ses **films à petit budget.**	Filme mit geringen Herstellungskosten

15.2 Les instructions – Die Arbeitsanweisungen

Notez bien les éléments-clés.	machen Sie sich Angaben zu den entscheidenden Elementen
Prenez des notes.	machen Sie sich Notizen
Faites bien attention à l'**accent** / à la **prononciation** / aux **gestes** / à la **mimique** de cette personne.	achten Sie auf; Akzent Aussprache Gesten Mimik

15.3 **Analyser des films** – Filme analysieren

La scène **se déroule** dans une rue de Nantes.	spielt
Dans cette **prise de vue**, on voit un jeune garçon en train de jouer dans la rue.	Aufnahme
Depardieu **interprète** le **rôle principal** d'Obélix. L'autre acteur **joue** un **rôle secondaire**.	spielt die Hauptrolle spielt eine Nebenrolle
Le caméraman **se rapproche** des personnages. Le caméraman **s'éloigne** du sujet principal.	nähert sich entfernt sich
L'acteur **suit** les instructions du **metteur en scène**.	(be)folgt; Regisseur
L'acteur fait des **mouvements circulaires** avec sa main.	kreisförmige Bewegungen
La lumière **met en évidence** les personnages importants. La lumière **fait ressortir** les personnages importants.	hebt hervor hebt hervor
Les prises de vue **dirigent** notre attention sur des détails.	lenkt ... auf
La musique crée une **ambiance mystérieuse**.	geheimnisvolle Atmosphäre
Les **jeux de lumière** produisent une **tension**. Les **bruits** produisent une **tension**. L'**éclairage** produit une **tension**.	Lichteffekte; Spannung Geräusche Beleuchtung
Les techniciens créent les **effets spéciaux**.	Spezialeffekte
Les **angles de prises de vue** sont très importants.	Kamerawinkel

15.3.1 **Le cadrage** – Die Kameraeinstellung

Les plans de la caméra – Die Einstellungsgrößen

le plan d'ensemble

le plan moyen

le plan rapproché

le gros plan

le très gros plan/le détail

Le **plan d'ensemble** montre une scène complète avec son **décor**.	totale Einstellung; Bühnenbild
Le **plan américain** montre le corps de la personne jusqu'aux genoux.	amerikanische Einstellung
Le **plan rapproché** montre le visage et le haut du corps.	halbnahe Einstellung
Le **gros plan** montre une partie détaillée de la tête. **donne** une **impression** importante.	Nahaufnahme macht ... Eindruck
Le **plan moyen** montre un personnage au complet avec un peu d'arrière-plan.	halbe totale Einstellung
Le **très gros plan** ou le **détail** montre un détail du corps ou d'un objet.	Detailaufnahme
La **capture d'écran** montre le personnage dans une situation précise **à un moment donné**.	Standbild; zu einem bestimmten Zeitpunkt

15.3.2 Les perspectives de la caméra – Die Kameraperspektiven

la plongée | **l'angle normal/la perspective neutre** | **la contre-plongée**

On parle	d'**angle normal** de **perspective neutre**	lorsque la caméra est placée à la hauteur	de l'œil du **cadreur**. de l'objet filmé.	Normalansicht Kameramann Normalansicht

Le personnage est **cadré d'en haut** : c'est la **plongée**. Nous voyons le héros **en plongée**, il paraît **inférieur**.	von oben aufgenommen Vogelperspektive, Obersicht aus der Vogelperspektive unterlegen
Le personnage est **cadré d'en bas** : c'est la **contre-plongée**. Nous voyons le héros **en contre-plongée**, il paraît **supérieur**.	von unten aufgenommen Froschperspektive, Untersicht aus der Froschperspektive überlegen

15.3.3 Les positions de la caméra – Die Kamerapositionen

la caméra sujective

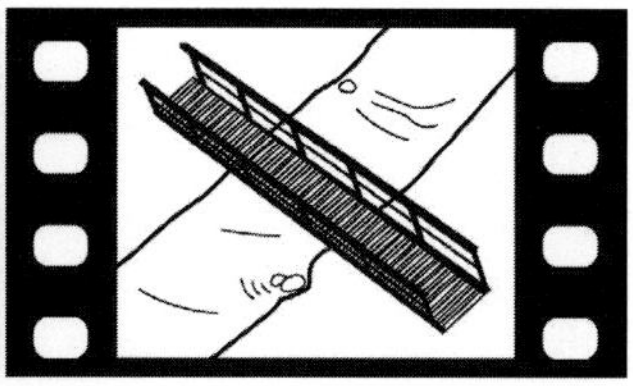
le vol d'oiseau

le champ

le contre-champ

La **caméra subjective** est la scène comme la voit l'acteur lui-même.	subjektive Kameraeinstellung
La caméra subjective correspond au **point de vue** d'un personnage.	Aussichtpunkt
En caméra subjective, la caméra est le **sujet de l'action**.	Handlungssubjekt
Le spectateur **a la sensation** de partager ce que le personnage voit.	hat das Gefühl
Le spectateur voit à travers les yeux du personnage pour des **effets plus réalistes**.	realistischere Effekte
Le spectateur **immerge** avec des **impressions** humaines dans l'aventure du héros.	taucht; Eindrücke
Les scènes sont souvent filmées en **caméra objective**.	objektive Kamera
La caméra objective ne fait pas partie des objets qui **rentrent dans l'action**.	treten in die Handlung ein
Le **vol d'oiseau** est une scène vue de très haut **à longue distance**.	Vogelperspektive; aus großer Entfernung
Le **champ** est une prise de vue typique lors d'une conversation.	Über-die-Schulter Einstellung
Le **contre-champ** permet de filmer la même scène sous un angle opposé.	Gegeneinstellung
La **position de la caméra** permet de changer les **points de vue**.	Kameraposition; Standpunkte

15.3.4 Les mouvements de caméra – Die Kamerabewegungen

le plan fixe

le panoramique

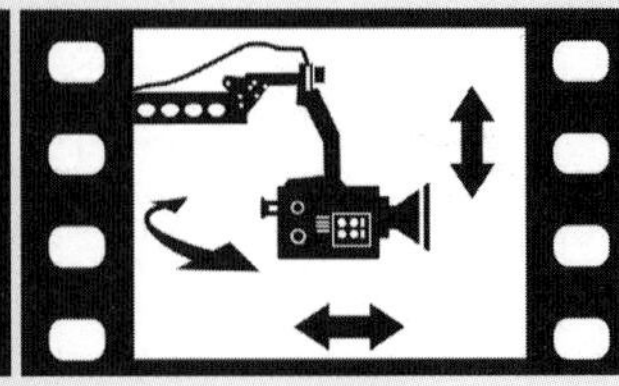
le travelling (haut/bas, gauche/droite)

le zoom (avant/arrière)

le travelling latéral

Les **mouvements de caméra** ont la fonction de suivre l'action.	Kamerabewegungen
Pour faire un **plan fixe**, la caméra doit rester fixée à un **trépied**.	statische Einstellung; Stativ
Le cadreur fait un **arrêt sur l'image** pour fixer l'**attention** du spectateur.	Standbild; Aufmerksamkeit
Pour faire un **panoramique**, la caméra reste au même endroit et **tourne** sur elle-même.	Mitziehen; dreht sich
Le **travelling** latéral est un déplacement de la caméra sur des **rails**.	Schwenk; Schiene
Pour pouvoir filmer un plan travelling, la caméra doit être installée sur un **dolly**.	Kamerawagen
Avec un **zoom (en) avant**, le **décor** est de moins en moins **visible**.	Vorwärtszoom; Szenenaufbau sichtbar
Le caméraman **zoome en avant** pour se rapprocher des visages des personnages.	fährt heran/zoomt heran
Le caméraman fait ensuite un **zoom (en) arrière** pour **s'éloigner** du personnage.	Rückwärtszoom; sich entfernen
Le **réalisateur** veut **accentuer** par un zoom l'aspect dramatique de la scène.	Regisseur; betonen
Un **plan grue** est utilisé pour montrer l'acteur d'en haut.	Kranfahrt

15.3.5 Les procédés cinématographiques – Die Filmtechniken

L'**éclairage** et le **son** accompagnent les images pour réaliser le film.	Beleuchtung; Ton
Le plan de la caméra est réalisé avec un **éclairage** **clair**.	helle Beleuchtung
Le plan de la caméra est réalisé avec un **éclairage** **sombre**.	dunkel

Abi

La **lumière directrice** dirige l'attention du spectateur sur…		Führungslicht
La **lumière de fond** sépare le personnage principal de l'arrière-plan.		Hintergrundbeleuchtung
La lumière utilisée dans la scène est	**crue**.	grell
	éblouissante.	mit einer blendenden Wirkung
	diffuse/douce.	weich
	intense.	intensiv
Avec la **lumière frontale**, le sujet est **éclairé** par le haut.		Frontallicht; beleuchtet
La **lumière de face** donne un **aspect laiteux** au teint du personnage.		Beleuchtung von vorne; milchiges Aussehen
Avec **l'éclairage par-dessous**, le personnage semble **surnaturel** et très **inquiétant**.		Beleuchtung von unten; übernatürlich; furchterregend
La **lumière latérale** crée un contraste saisissant entre la zone éclairée et la **zone d'ombres**.		Seitenlicht Schattenseite
Le **contre-jour** éclaire les parties **ombragées** du portrait pour les **mettre en relief**.		Gegenlicht; beschattet hervorheben
La **bande sonore** comprend :	les **dialogues**.	Tonspur, Soundtrack; Dialoge
	la **voix du narrateur**.	Erzählerstimme
	la **musique**.	Musik
	les **effets sonores**.	Geräuscheffekte
	les **bruitages**.	akustische Effekte
La **musique de fond** contribue à renforcer la fin tragique du film.		Hintergrundmusik
La **musique du film**	a été spécialement **composée** pour ce film.	Filmmusik; komponiert
	se compose de chansons et de **morceaux instrumentaux**.	Instrumentalmusikstücke
	rend l'**atmosphère** à la fois triste et **romantique**.	Stimmung; romantisch
Les **bruits** sont **assourdis** pour plus de compréhension du dialogue.		Geräusche; gedämpft
Les **bruits de fond** sont amplifiés pour **annoncer** l'événement tragique.		Hintergrundgeräusche; ankündigen
Avec le **bruitage**, des **sons** sont créés et ajoutés aux images.		Geräuschkulisse, Töne
Le **bruitage** rend les scènes encore plus naturelles et vivantes.		akustische Untermalung
La **voix off** ou **voix hors-champ**	donne des explications sur un événement **hors-champ**.	Off-Stimme abseits der Kamera
	renseigne le spectateur **sur** des événements pas encore montrés.	gibt Aufschluss über
Les pensées du personnage sont **traduites** par une **voix intérieure** dans un monologue.		zum Ausdruck gebracht innere Stimme
Le film peut être accessible à un public étranger	avec un **sous-titrage**.	Untertitelung
	avec une **synchronisation.**	Synchronisation
	en **doublant** les personnages.	doubeln

Le **traitement du son** et de la parole se fait par des **réglages** complexes.	Tonbearbeitung; Einstellungen
Avec des **effets spéciaux numériques**, le **cinéaste** veut **simuler** une catastrophe.	digitale Spezialeffekte Filmemacher; simulieren
Dans les films de science-fiction, on fait beaucoup de **trucages**.	Trickaufnahmen
Avant un **ralenti** ou un **accéléré**, on peut voyager dans le temps.	Aufnahme in Zeitlupe; in Zeitraffer
Une **animation image par image** rend l'image encore plus vivante.	Animation Bild für Bild
Les techniques d'**animation par ordinateur** sont utilisées pour les **dessins animés**.	Computeranimationen; Zeichentrickfilme
Un **film en trois dimensions** rend l'illusion parfaite.	3D-Film
La **maquette** permet de reproduire en détails les éléments de l'époque.	Baumodell
La **réalisation du film** est **assistée par ordinateur**.	Regie; computerunterstützt
Le **traitement de l'image** se fait par le **traitement numérique**.	Bildbearbeitung; digitale Datenverarbeitung
La **conception des images** se fait souvent avec des **données numériques**.	Bildkonzeption; digitale Daten
La manipulation de l'image par un **montage-photos** est courante dans les **films fantastiques**.	Fotomontage Fantasyfilme
Avec un **maquillage** compliqué, l'acteur **se transforme en** monstre.	Schminken; verwandelt sich in

15.3.6 Les méthodes de réalisation d'un film – Einen Film schneiden und bearbeiten

Le cercle de vie d'une chenille est encore plus spectaculaire **en accéléré**.	im Zeitraffer
L'accident de voiture dans la dernière scène est montré **au ralenti**.	in Zeitlupe
Un **fondu** est utilisé pour faire disparaître progressivement l'image.	Ausblende
Avec **le fondu au noir**, la scène devient progressivement toute noire.	Ausblende
Avec **le fondu au blanc**, l'image pâlit et devient blanche.	Abblende
Un **fondu enchaîné** est la transition douce entre deux images.	Überblendung
Dans la première scène, les contours du village **fondent** petit à petit pour disparaître complètement.	blenden ab
La scène est éclairée et les détails **apparaissent** progressivement.	erscheinen
Lorsque le film a commencé, le titre a disparu de l'écran pour **faire apparaître** une vue panoramique de Paris.	blendet über zu
Le **montage** est la transition directe d'un plan à un autre pour former une séquence.	Schnitt
Le **montage alterné** de scènes est une technique utilisée pour présenter des actions simultanées.	Hin- und Herschneiden
La technique de **balayage** peut être utilisée pour détruire l'illusion de réalité.	Wischblende
Ils ont dû **effacer** une scène controversée du film.	löschen
Une scène a été **insérée** pour rallonger l'histoire.	eingeblendet

Abi

La technique de **séparation de l'image** est idéale pour montrer simultanément des images.	Bildteilung
Le **dénouement** de la scène est accentué par un **arrêt sur image**.	Ausgang; Standbild
Une **rétrospective** permet de connaître la jeunesse du héros. Une **anticipation** donne des informations sur le futur.	Rückblende Vorausblende
Une **insertion** fournit une information supplémentaire non transmise par l'image.	Texteinblendung

15.3.7 Analyser les fonctions des techniques de film – Die Funktionen von Filmtechniken analysieren

Les procédés cinématographiques sont employés	pour **créer**	**du suspense.** **de la tension.**		Spannung aufbauen Spannung
	pour **réaliser un** certain **effet**. pour **intensifier** un sentiment de solitude. pour **renforcer** l'**effet produit**.			eine Wirkung erzielen verstärken betonen; erzeugter Effekt
	pour **transmettre** pour **susciter** pour **produire**	un **sentiment** de l'**illusion** de	réalité.	vermitteln; Gefühl erzeugen erzeugen; Illusion
	pour **fixer** le **lieu de l'action**. pour **rendre** une atmosphère spéciale. pour **comprimer le temps**. pour **étendre le laps de temps**.			etablieren; Handlungsort erzeugen die Zeit komprimieren die Zeit dehnen

Une vitesse lente est utilisée pour	**impressionner** **toucher** **sensibiliser**	le spectateur.	beeinflussen berühren sensibilisieren
	ponctuer **saisir**	un moment important.	unterstreichen festhalten, einfangen

Les moyens utilisés	**indiquent** le temps écoulé. **contribuent à** donner de la **vitesse** au déroulement du film.	signalisieren tragen dazu bei; Tempo

Au moyen de cette technique,	le récit de l'histoire est **accéléré**. la suite de l'histoire est **ralentie**. l'histoire **obtient** une certaine **continuité**. **deux scènes** du film sont **reliées**.	beschleunigt verlangsamt erhält; Kontinuität zwei Szenen; verknüpft

L'utilisation	de cette **technique cinématographique**		Filmtechnik
	de ces **moyens cinématographiques**		filmische Stilmittel
		évoque un long passage de temps.	andeutet
		suggère au spectateur la longue durée de l'action.	suggeriert
		fournit un **contraste** saisissant avec la réalité.	schafft; Kontrast
		permet au spectateur de mieux **se représenter** le personnage.	sich vorstellen
		permet d'afficher clairement les pensées du personnage.	erlaubt die Darstellung
		sert à mieux prendre connaissance des pensées du personnage.	dient zur besseren Einsicht in

15.3.8 Les personnes qui réalisent le film – Die Menschen, die an der Filmproduktion und dem Marketing beteiligt sind

Dans le **générique d'ouverture**, tous les **participants** au film sont mentionnés.		Vorspann; Beteiligten
On peut lire les noms	des **acteurs principaux**,	Hauptdarsteller
	des **actrices principales**,	Hauptdarstellerinnen
	du **producteur**, de la **productrice**,	Produzent(in)
	du **réalisateur**, de la **réalisatrice**,	Regisseur(in)
	du **metteur en scène**,	Regisseur(in)
	de la **société de distribution** de film.	Filmverleih

On peut lire	la **distribution** du film et le nom		Besetzung
		du **directeur**/de la **directrice de la photographie**,	Leiter(in) des Kamerateams
		du/de la **scénariste**,	Drehbuchautor(in)
		de l'**illustrateur**, de l'**illustratrice**,	Filmillustrator(in)
		du **compositeur**, de la **compositrice**,	Komponist(in)
		de l'**éclairagiste**,	Beleuchter(in)
		de **l'ingénieur du son**,	Tontechniker(in)
		du **preneur de son**,	Tontechniker(in)
		du **monteur**, de la **monteuse**,	Cutter(in)
		de l'**assistant(e) du réalisateur**,	Regieassistent(in)
		du **maquilleur**, de la **maquilleuse**,	Maskenbildner(in)
		de l'**accessoiriste**,	Requisiteur(in)
		du **synchroniseur**, de la **synchroniseuse**,	Synchronsprecher(in)
		du/de la **responsable du doublage**,	Synchronsprecher(in)
		des **équipes de techniciens**,	Technikerteams
		des **figurants**,	Statisten
		des **cascadeurs**.	Stuntmen

Abi

Dans le **générique de fin,**	toute l'**équipe de tournage** est présentée.	Abspann; Filmteam
	les participants à la **réalisation** du film sont **mentionnés.**	Regie erwähnt

15.3.9 Analyser des dialogues – Dialoge analysieren

Trois personnes **participent** à la **conversation**.	nehmen teil; Unterhaltung, Gespräch
Le film contient seulement un **dialogue** entre deux femmes.	Dialog, Zwiegespräch
Le maire **est interviewé** par un journaliste.	wird interviewt
Le maire **accorde une interview** au journaliste.	gibt ein Interview
Le journaliste organise une **entrevue** avec un homme politique.	Unterredung
On entend bien / mal le **locuteur**.	Sprecher
On entend bien / mal la **locutrice**.	Sprecherin
Puis-je **monter le son**, s'il vous plaît ?	lauter stellen
L'**interlocuteur** parle franchement.	Gesprächsteilnehmer
L'**interlocutrice** parle très rapidement.	Gesprächsteilnehmerin
L'acteur parle **clairement**.	deutlich
L'actrice parle **calmement**.	ruhig
L'interlocuteur / L'interlocutrice / L'acteur / L'actrice a un **accent très marqué**.	ausgeprägten Akzent
Le locuteur **s'adresse** directement à l'**assemblée**.	richtet sich an; Versammlung
Le locuteur s'adresse directement aux **auditeurs**.	Zuhörer
Le locuteur s'adresse directement aux **auditrices**.	Zuhörerinnen
Le locuteur s'adresse directement au **public**.	Publikum
Le locuteur s'adresse directement aux **téléspectateurs**.	Fernsehzuschauer
Le locuteur s'adresse directement aux **téléspectatrices**.	Fernsehzuschauerinnen

Abi

Il s'agit	d'une conversation **amicale**	entre	deux personnes.	freundlich
	d'une **discussion**		deux groupes.	Gespräch
	de **propos vifs**		plusieurs personnages.	heftige Äußerungen
	d'un **débat**		deux candidats.	Debatte
	d'une **dispute**		deux amis.	Streit
	d'un **dialogue**		les deux représentants.	Zwiegespräch
	d'un **tête-à-tête**		les deux partis.	Gespräch unter vier Augen
	d'un **entretien télévisé** en rapport aux actualités.			Fernsehdiskussion
	d'un **entretien professionnel** dans l'entreprise.			Vorstellungsgespräch
	d'une **confrontation** de deux personnes d'opinion différente.			Konfrontation
	d'un **monologue intérieur**.			Selbstgespräch

La discussion est	très **tendue** et **virulente**.	angespannt; heftig
	menée **sur un ton élevé**.	laut

Il semble que* les interlocuteurs	soient très **proches l'un de l'autre**.	einander nah
	aient beaucoup de **sympathie l'un pour l'autre**.	füreinander viel Sympathie
	s'estiment *(subj)* **réciproquement**.	schätzen sich gegenseitig
	soient l'objet d'une attirance réciproque.	zeigen gegenseitige Zuneigung
	se détestent *(subj)* **réciproquement**.	verabscheuen; hassen sich gegenseitig
	ne se supportent *(subj)* **pas**.	sich nicht (v)ertragen

15.3.10 Faire la critique de films – Filme rezensieren

Commencez votre critique avec une **accroche** : une question ou une citation.	Blick(fang)

Le film	a été	**réalisé par**	Claude Chabrol.	führte Regie
		produit par		produziert
		diffusé en trois dimensions.		in 3D gesendet
		projeté dernièrement sur le grand écran.		vorgeführt
	est **sorti en salle** la semaine dernière.			kam in die Kinos

L'œuvre	est une **adaptation**	d'une pièce de théâtre.	Bearbeitung
		d'une **bande dessinée**.	Comic
		d'une **autobiographie**.	Autobiografie
	est une **reconstruction** fidèle du naufrage.		Nacherzählung

Dans le film « Chocolat », les acteurs Juliette Binoche et Johnny Depp jouent les **premiers rôles**.	Hauptrollen
Le succès du film **a mis en vedette** deux jeunes de la région parisienne.	stellt in den Vordergrund

La plupart des scènes ont été	**enregistrées**	dans un studio.	aufgezeichnet
	tournées		gefilmt
	filmées		gefilmt
	prises		aufgenommen

Le film **raconte l'histoire** de la vie fabuleuse et fascinante d'Einstein.	erzählt die Geschichte

Le film s'est terminé	sur une **fin**	**pleine de surprises**.	überraschendes Ende
		tragique.	tragisch
		ouverte	offen
	en suspens.		in der Schwebe

Abi

L'intrigue est	**multidimensionnelle.**	vieldimensional
	captivante.	spannend
	passionnante.	fesselnd
	fascinante.	faszinierend
	prévisible.	vorhersehbar
	ennuyeuse.	langweilig
	émouvante.	ergreifend
	pleine de **rebondissements.**	überraschende Wendungen
	décevante.	enttäuschend

Le **scénario** est **bien/mal ficelé.**	Drehbuch; gut/schlecht gemacht

Le tournage de la scène en montagne	est	**spectaculaire.**	spektakulär
		à couper le souffle.	atemberaubend
		irréaliste.	unrealistisch
		troublant.	verwirrend
		déconcertant.	irreführend
	prête à confusion.		verwirrend

À part la scène finale, l'interprétation des acteurs est	**remarquable.**	bemerkenswert
	impeccable.	makellos
	décevante.	enttäuschend
	mélodramatique.	melodramatisch

Le film	**combine** l'humour avec l'action.	verbindet
	mélange une histoire galante avec l'aventure.	lässt verschmelzen
	charme le public.	verzaubert

Le film **incite**	le spectateur	**à réfléchir.**	regt zum Nachdenken an
L'histoire **invite**		**à rêver.**	lädt zum Träumen ein

Le film est	une œuvre **majestueuse, magistrale.**	meisterhaft
	très **touchant.**	anrührend
	divertissant.	unterhaltsam
	plein d'humour.	lustig
	hilarant, délirant.	urkomisch

L'œuvre a été récompensée par plusieurs **nominations.**	Nominierungen
L'actrice a **gagné** un oscar dans un second rôle.	gewann
Le film a **remporté** la palme d'or au festival.	gewann
Le Festival de Cannes a **décerné** la Palme d'or au réalisateur du meilleur film de l'année.	verlieh
Le jury a **décerné** le Prix de la mise en scène à François Truffaut pour son film.	ausgezeichnet

Le public a **adoré** le film.	geliebt
La **côte de popularité** du film a augmenté avec	Beliebtheitswert
la **rediffusion** du film.	Wiederholung

Le film	a **attiré** beaucoup de **public**. a **fait scandale** auprès du public allemand.	angezogen; Besucher löste einen Skandal aus

Après son succès, le film a été **projeté**	sur **écran hémisphérique**. sur **écran géant**.	vorgeführt; halbkugelförmige Leinwand Großleinwand

15.4 Le DVD et le disque Blu-ray – DVD und Blu-ray-Disc

Le DVD est un digital video disc. Le **disque Blu-ray** permet de **stocker** plus d'informations en **Haute Définition**.	die DVD Blu-ray-Disc; speichern High Definition
Le film sortira **en DVD** et **en Blu-ray**.	als DVD und Blu-ray

Les **suppléments** Les **bonus**	d'un DVD peuvent inclure…	Zusatzmaterial Extras
	… des **scènes coupées**,	Verschnitt, herausgeschnittene Szenen
	… des **scènes effacées**,	gelöschte Szenen
	… le **bêtisier**,	Pannen
	… les **coulisses du tournage, du film**,	Blick hinter die Kulissen
	… une **revue de tournage**,	Making-of
	… un **making of**,	Making-of
	… un **documentaire sur le tournage ou la production**,	Dokumentarfilm
	… une **bande-annonce**,	Kinotrailer
	… un **journal vidéo**,	Videotagebuch
	… une **galerie de photos**,	Fotogalerie
	… les **biographies** et **filmographies** des principaux acteurs.	Biografie; Filmverzeichnis

16.1 Pour engager une conversation – Ein Gespräch einleiten

Bonjour, Mesdames, Messieurs, j'aimerais aujourd'hui vous **parler de…**	sprechen über
Bonjour, Mesdames, Messieurs, j'aimerais aujourd'hui vous **informer** que l'examen portera sur… un sujet.	informieren
Bonjour, Mesdames, Messieurs, je voudrais vous **communiquer** les résultats.	mitteilen
Salut, j'ai une chose / quelque chose d'important à te **raconter**.	erzählen
Salut, j'ai une chose / quelque chose d'important à te **rapporter**.	berichten
As-tu une minute à me **consacrer** ?	widmen
Vous avez un **moment** ?	Augenblick
Je peux te **poser une question** ?	was fragen
Je peux de **demander quelque chose** ?	was fragen
On raconte que cette personne aurait disparu mystérieusement.	es wird berichtet, dass
À propos, **es-tu au courant de** la dernière nouvelle ?	kennst du
Bon, alors tu es **au courant** ?	weißt du Bescheid
Dis donc, / Dis-moi, tu sais que Paul n'habite plus en France ?	sag mal; weißt du, dass
Dis donc, / Dis-moi, as-tu entendu que Paul n'habite plus en France ?	sag mal; hast du gehört, dass
Dis donc, / Dis-moi, as-tu lu que Paul n'habite plus en France ?	gelesen
Qu'en **penses**-tu ?	denkst
Tu sais, ce film a gagné la Palme d'or à Cannes.	weißt du
Ce que je veux dire, c'est que ce film a gagné la Palme d'or à Cannes.	ich meine
Comment dirais-je, je n'ai pas pensé que cela se produirait.	wie soll ich sagen
Tiens, je ne le savais pas !	sieh mal an, das hatte ich nicht gewusst
Tiens, c'est marrant, ça ! Je n'y avais pas pensé.	komisch
Tiens, tiens ! Maintenant, je comprends pourquoi il a fait cela.	soso
Ah bon ? C'est vrai ? Ça ne m'étonne pas !	Wirklich? Das erstaunt mich nicht!
C'est vrai ? Tu en es sûr(e) ?	Ehrlich? Bist du sicher?
Sans blague ? Tu me racontes des histoires !	Echt? Du erzählst mir Märchen!
Tu parles !	Was du nicht sagst!
Incroyable et pourtant c'est vrai !	Unglaublich und dennoch stimmt es!
Ce n'est pas possible !	Das ist doch nicht möglich!
Je n'en reviens pas !	Ich kann es gar nicht fassen!
Et alors ? Que devons-nous faire ?	Und jetzt? Was sollen wir machen?
C'est quand même bizarre, non ?	Es ist komisch, findest du nicht?

Eh bien moi, sa décision ne me surprend pas. **Il fallait s'y attendre.**	was mich betrifft man musste damit rechnen
Eh bien, dis donc ! Cela change tout !	Sieh einer an!
Ben, **Tout à fait,** **Oui, en effet,** **Eh bien, ma foi oui,** — c'est ce que je pense aussi.	na, so was stimmt genau in der Tat aber ja

16.2 Indiquer des problèmes de compréhension – Verständnisprobleme haben

Pardon, **Excusez-moi,**	je n'ai pas compris. je ne **connais** pas ce mot. est-ce-que vous pouvez **répéter** ? est-ce-que vous pouvez **épeler** ? vous pouvez **parler un peu moins vite** ?	Entschuldigung Entschuldigen Sie mich; kenne wiederholen buchstabieren langsamer sprechen
Pardon, **Excuse-moi,**	je **ne te comprends pas.**	verstehe dich nicht entschuldige
Pouvez-vous / **Et pourquoi ne pas** écrire **Et si vous** écriviez	le mot au **tableau** ?	Tafel wieso nicht Sie könnten
Pouvez-vous **Vous pourriez**	m'**expliquer** ?	erklären könnten Sie
Quelle est l'intention de l'auteur en utilisant le mot **au sens figuré** ?		im übertragenen Sinn

16.3 Demander des explications – Rückfragen

Êtes-vous **en mesure de** comprendre ce texte très compliqué ?	in der Lage
Voyez-vous ce que je veux vous dire plus précisément ?	Verstehen Sie, was ich genau meine?
Je ne **saisis** / **comprends** pas le problème. Je ne **vois** pas **où** est le problème.	begreife verstehe sehe; wo
Sur ce point, je n'**arrive** pas à vous **suivre**.	in diesem Punkt; kann folgen
Pouvez-vous m'**éclaircir** la situation ? Maintenant, vous m'avez **éclairci** sur ce problème.	erklären aufgeklärt
Peux-tu donner des **explications** plus claires ?	Erklärungen
Qu'est-ce que tu veux dire **par là** ? **Qu'est-ce que tu veux dire** avec cette **tournure** ?	was meinst du damit? Redewendung

Qu'est-ce que tu **entends** par là, quand tu **évoques** qu'il a changé de vie ?	meinst; erwähnst
Qu'est-ce que tu **viens de dire** ? Je **n'ai pas bien entendu**.	gerade gesagt; nicht richtig gehört
Qu'est-ce que cela **implique dans une telle occasion** ?	heißt, bedeutet; bei einer solchen Gelegenheit

Vous voulez dire qu' **Si je vous comprends bien,** **Est-ce que je comprends bien :**	il a pris la décision de **se séparer** de sa femme ?	Sie meinen, dass; sich trennen wenn ich Sie richtig verstehe verstehe ich richtig
Vous avez dit « … » **si j'ai bien compris** ?		habe ich richtig verstanden?
Comment cela s'est passé exactement ?		Wie ist es genau passiert?

16.4 Donner des explications – Erklärungen geben

Écoute, **(Mais) Tu sais,**	je ne sais pas si tu m'as **bien** compris.	hör mal; tatsächlich weißt du
Ce que je veux dire, c'est que **Je veux dire que** **Alors, je m'explique :**	je pense comme toi.	was ich meine, ist was ich meine, ist also; ich erkläre es dir
Je ne suis pas **ironique**, je suis **sérieux**,	**vous voyez ?** **vous ne trouvez pas ?**	ironisch; ernst; sehen Sie finden Sie nicht (auch)

Je comprends, mais **Oui, je vois, mais**	je ne suis pas	**pour** **d'accord avec**	cette thèse.	ich verstehe, aber; für ja, ich verstehe, aber einverstanden mit
Eh bien, voilà,	je suis **contre** ce projet. je **conteste** cette mesure politique.			also; gegen stelle in Frage
Je ne **me réfère** pas **au** sens premier de l'expression, **vous comprenez ?**				beziehe mich auf verstehen Sie

16.5 Demander des informations complémentaires – Nach Zusatzinformationen fragen

Est-ce que la phrase est bien **correcte** ? Pourquoi cette phrase est **incorrecte** ?		korrekt falsch
Pourquoi je ne peux pas	**le dire comme ça** ? **m'exprimer ainsi** ?	so ausdrücken so ausdrücken
Comment ce mot **se prononce**-t-il ?		wird ausgesprochen
Comment **s'écrit** ce mot ?		wird geschrieben

Comment **dit-on** en français le mot allemand « Stiefel » ?	sagt man
Que **signifie** le mot « débrouillard » en allemand ?	bedeutet
De quel verbe **vient** le mot « boisson » ?	stammt
Que **veut dire** l'auteur dans le premier paragraphe ?	worauf will … hinaus
Est-il vrai que… ?	trifft es zu

16.6 Réussir un exposé ou une présentation orale – Ein Referat halten

Le sujet de notre **exposé** / notre **présentation** est la marée noire.	Referat Präsentation
Dans notre exposé, il **sera question de**...	handelt sich um
Notre exposé **traite de** la pollution.	dreht sich um
Mon exposé **se divise en** / **se compose de** quatre parties.	gliedert sich in besteht aus
D'abord, je vais vous **exposer** / **expliquer** l'origine du problème.	darstellen erklären
Ensuite, je parlerai des conséquences.	im Folgenden
Je vais donner un **exemple concret** pour **justifier** mes remarques.	konkretes Beispiel; begründen
Je vous montre des photos pour **illustrer** le problème.	veranschaulichen
Ce **transparent** montre des **statistiques**. un **diagramme**. un **schéma**. les **points principaux**.	Folie Statistiken Diagramm Schema Hauptpunkte
Il y a trois **conclusions** / **déductions** possibles. Il y a une seule **alternative à** cette crise. Il y a des **obstacles** pour arriver à cette solution.	Schlussfolgerungen Schlussfolgerungen Alternative zu Hindernisse
En conclusion, je voudrais dire que c'est un sujet fascinant.	zum Abschluss möchte ich sagen
Je voudrais **conclure** mon exposé par une **citation**.	beenden; Zitat
En résumé, on peut dire que l'auteur a bien expliqué le problème.	zusammenfassend

Vous allez **préparer** une présentation pour l'**exposer** ensuite devant la classe.	vorbereiten; vortragen
Pour cela, il faut d'abord **faire de** nombreuses **recherches à l'ordinateur** ou dans une bibliothèque.	Computerrecherchen anstellen

Vous	devez vous **procurer des renseignements** pour avoir un **aperçu** général du thème.	sich Auskünfte verschaffen; Übersicht
	regroupez vos idées pour les **classer dans un plan de travail.**	die Ideen sammeln; in eine Gliederung einordnen
	répartissez et **structurez** les données selon votre choix **d'une manière sensée** et **appropriée.**	verteilen; einordnen; sinnvoll; zweckmäßig

Inscrivez les **références** ou **sources littéraires** qui vous ont permis de trouver les **mots-clés.**	Quellenangaben; Literaturquellen; Schlüsselwörter
Dans votre **bloc-notes**, vous **notez** les **liens de recherche**, les adresses et les **pages de références.**	Notizblock; aufschreiben; Links; Verweise
Vous **mentionnez** également les **moyens** utilisés ou les **supports d'information** pour **soutenir** votre présentation.	erwähnen; Mittel; Informationsquellen; unterstützen

Vous **avez recours à** des **transparents**, à des **affiches** et à un **projecteur.**	einsetzen; Folien; Plakate; Beamer
N'oubliez pas aussi d'**établir un polycopié** pour vos auditeurs.	Handout erstellen
Celui-ci peut **comporter** le **plan**, la **traduction** des mots importants et les **données relatives au sujet.**	enthalten; Gliederung; Übersetzung; Bezugsangaben

Distribuez-le et expliquez le thème que vous avez choisi.	verteilen
Donnez des précisions sur l'**exposé** que vous allez **tenir.**	genauere Angaben erteilen; Vortrag; halten
Parlez **distinctement** à votre public **à voix haute** tout en gardant un **contact visuel** avec vos **auditeurs.**	klar und deutlich; mit lauter Stimme; Blickkontakt; Zuhörer

Pour commencer votre présentation, vous devez **introduire** le sujet, vous allez dire :		einführen
Je voudrais **parler de**	la Martinique.	reden über
Mon **sujet**, c'est		Thema
Comme sujet, j'ai **choisi**		gewählt
Dans mon exposé, je vais vous parler d'un problème qui **fait** actuellement **beaucoup de bruit** en France.		macht viel Lärm um sich
Le sujet de mon exposé **porte sur** le nouveau roman de l'auteur X.		bezieht sich auf
Il sera question d'un **sujet brûlant** qui fait la **une des journaux.**		Reizthema; Schlagzeile

Le **thème traité** est très intéressant parce qu'il fait souvent l'**objet de débats politiques.**			behandeltes Thema; Gesprächsthema von politischen Debatten
Je trouve ce sujet	**important**	parce que…	wichtig
	utile		nützlich
	passionnant		faszinierend

Je vais **écrire** les **mots étrangers** difficiles **au tableau**.	an die Tafel anschreiben; Fremdwörter
Je vais vous expliquer leur **signification** et leur **origine**.	Bedeutung; Abstammung

Ensuite, vous devez **annoncer** le **plan** de votre exposé en utilisant les **expressions suivantes** :	ankündigen; Aufbau; folgende Ausdrücke
Pour commencer, j'aimerais vous **faire part de** la **réflexion** d'un auteur bien connu.	bekannt geben; Überlegung
Dans une première partie, je vais vous expliquer les **raisons** pour lesquelles l'auteur a fait une telle **citation**.	in einem ersten Teil; Gründe; Zitat
En deuxième partie, j'ai choisi de parler de la **situation actuelle**.	in einem zweiten Teil, aktuelle Situation
Enfin, ma troisième partie **s'intitulera** : « **les répercussions d'une telle mesure** sur la société ».	trägt den Titel; die Folgen einer solchen Maßnahme
J'aimerais ensuite **évoquer** les **avantages** et les **inconvénients**.	schildern; Vorteile; Nachteile
Pour terminer, j'aimerais faire une **synthèse** et une **analyse** de toutes les remarques.	zum Schluss; Synthese; Analyse
Je vais **terminer sur** une partie plus personnelle en donnant mon opinion là-dessus.	beenden mit

Pendant l'exposé, vous devez **donner des explications** et **des commentaires** pour plus de **compréhension** :	Auskünfte geben; Kommentare erteilen; Verständnis
…, ceci veut dire que…	das heißt, dass
Ce mot signifie que…	das bedeutet, dass
Cette expression **implique** que l'auteur s'était déjà imaginé les conséquences d'une telle action.	bedeutet
Je vais vous expliquer comment cet **état de chose** a pu **se produire** en vous donnant des **exemples concrets**.	Zustand; sich ereignen; konkrete Beispiele
Comme vous le voyez sur la feuille que je vous ai donnée,…	wie sie ersehen können
Comme vous le constatez sur l'affiche que j'ai **bricolée**,…	feststellen; gebastelt
Comme vous le remarquez sur le transparent que j'ai préparé,…	bemerken
Vous pouvez en conclure que l'auteur **dresse un bilan** plutôt **positif** de la situation.	erstellt eine Bilanz positiv
Il en **tire une conclusion** favorable **à tendance optimiste**.	zieht eine Schlussfolgerung eher optimistisch

À la fin de votre exposé, vous pouvez demander si les personnes ont compris le **sens du contenu** ou les **mots spécifiques** :	Sinn des Inhalts; Fachbegriffe
Dois-je **répéter l'explication** des mots ?	die Erklärung wiederholen
Dois-je **rappeler la signification des termes** ?	die Bedeutung der Begriffe nochmal in Erinnerung rufen
Avez-vous compris **l'essentiel du problème** ?	das Wesentliche bei dem Problem
Est-ce que vous avez des questions sur ce thème ou des **suggestions** à faire ?	Vorschläge

16.7 Animer un débat – Debattieren

L'**animateur** du débat	**donne la parole à** son voisin. **refuse** la parole à un des **participants**. **retire** la parole à l'**intervenant**.	Moderator; erteilt das Wort verweigert; Teilnehmer entzieht; Redner

Je **donne la parole à** Monsieur Dupont qui va vous parler de ce problème.	gebe das Wort
La parole est à Monsieur Dupont, **c'est à vous de** nous expliquer les faits.	hat das Wort; Sie sind dran

Un membre du public **demande à prendre la parole**.	bittet um das Wort
Un participant du **séminaire** veut **poser une question**.	Seminar; eine Frage stellen
Une personne a été choisie comme **porte-parole** de l'**auditoire**.	Sprecher; Zuhörerschaft

Laissez **terminer** Monsieur Dupont dans son **exposé** !	beenden; Referat
N'**interrompez** pas Monsieur Dupont dans son **programme** !	unterbrechen; Programm
Ne **coupez** pas **la parole** à Monsieur Dupont !	unterbrechen
Continuez votre **démonstration**, Monsieur Dupont !	Beweisführung
Vous **aurez la parole** dans un instant !	das Wort haben

Que pensez-vous des **propos** de Monsieur Dupont ?	Äußerungen
Est-ce que vous êtes **d'accord avec** ses **affirmations** ?	einverstanden; Behauptungen
Êtes-vous de son avis quand il **prétend** qu'il faudrait agir vite ?	behauptet
Partagez-vous son idée d'**envisager** une autre solution ?	teilen; erwägen

Monsieur Dupont **vient d'expliquer qu'**il faudrait intervenir dans cette affaire.	hat erklärt, dass
Que **pensez**-vous **de** ses arguments ?	halten von

Si j'ai bien compris, **D'après ce que j'ai compris de** sa démonstration,	le projet aura une influence sur l'environnement.	wenn ich recht verstanden habe nachdem was ich verstanden habe

Je tiens à	**préciser** **remarquer** **signaler**	que Monsieur Dupont s'est rendu sur place.	ich möchte besonders klarstellen bemerken hinweisen

Ce que je voulais dire, c'est qu' **Pour être tout à fait clair,** J'aimerais **attirer votre attention sur le fait qu'** **Il faut** absolument **tenir compte du fait qu'**	il faudrait prendre en compte ce phénomène.	ich möchte sagen, dass um es klar zu sagen aufmerksam machen, dass man muss beachten

16.8 La conclusion d'un débat – Eine Debatte schließen

Sur ce sujet, on peut avoir **différentes opinions**.	unterschiedliche Meinungen
Il me semble que nous (ne) **sommes** (pas) **arrivés à un accord**.	haben eine Übereinstimmung erzielt

J'ai / Je suis **fini par être convaincu(e)** / **arrivé(e) à en conclure** que vous avez raison.	zu der Überzeugung gelangt / zu der Schlussfolgerung gekommen
J' (Je n') **ai** (pas) **changé d'avis**.	habe meine Meinung geändert
Je **continue** **à croire** / **à penser** que ces idées sont absurdes.	meine weiterhin / denke weiterhin
Nous allons **changer de sujet**.	das Thema wechseln
Terminons ce débat.	beenden wir
Restons-en là.	lassen wir es dabei

Tout bien considéré, / **En tout et pour tout,** c'est une suggestion à prendre.	genau betrachtet / alles in allem
Au demeurant, / **Dans l'ensemble,** c'est une recommandation bien utile.	im Übrigen / im Großen und Ganzen
Tout compte fait, cet argument est valable.	alles zusammengenommen
En bref, / **Bref, en un mot,** / **En deux mots,** / **En y regardant de plus près,** ce projet est envisageable.	kurz gesagt / mit einem Wort / kurz gesagt / bei genauerem Hinsehen
Le débat est clos.	die Debatte ist damit geschlossen

16.9 Les consignes d'un examen oral – Die Aufgabenstellungen für eine mündliche Prüfung

Préparez un **monologue en prenant des notes.**	vorbereiten; monologisches Sprechen; Notizen anfertigen
Préparez des **remarques** sur le **matériel** présenté.	Bemerkungen; Material
Décrivez les éléments principaux de l'infographie.	beschreiben
Situez la citation dans le roman.	wissen, wo es steht
Résumez / **Exposez brièvement** l'idée centrale du discours.	zusammenfassen / kurz beschreiben

Indiquez les conditions qui ont mené à cette situation.	angeben
Organisez votre discours.	organisieren
Faites des hypothèses sur l'image.	Vermutungen anstellen über
Parlez du tableau de Monet.	sprechen über
Racontez l'évènement.	erzählen
Réorganisez les dessins et racontez.	in die richtige Reihenfolge bringen
Citez les passages qui montrent…	zitieren
Relevez les aspects de la vie des jeunes d'aujourd'hui.	angeben
Quelle image de la vie est **reflétée** par cette photo ?	widergegeben

L'analyse :	Analyse
Analysez le graphique et **commentez** les chiffres.	analysieren; kommentieren
Interprétez les deux extraits.	interpretieren
Montrez leur signification pour le héros.	zeigen
Caractérisez le personnage principal.	beschreiben
Comparez le rôle de… et / **avec** celui de…	vergleichen / mit
Comparez les **points de vue** des deux personnes.	Standpunkte
Quels sont les **points communs** ?	Gemeinsamkeiten
Quelles sont les **différences** ?	Unterschiede
Étudiez de façon détaillée les causes…	genau untersuchen
Dégagez les causes…	herausarbeiten
Examinez les causes…	untersuchen
Expliquez pourquoi le personnage se comporte ainsi.	erklären
Expliquez votre **choix** concernant les sentiments du personnage.	Wahl
Faites le portrait physique et moral d'une personne en reliant les citations données.	die äußere Erscheinung und den Charakter beschreiben
Quelles informations les différents éléments donnent-ils ?	welche Informationen
Mettez les éléments **en relation.**	in Verbindung setzen
Donnez votre avis sur le problème.	Standpunkt erläutern
Prenez position.	Stellung nehmen
Précisez et nuancez votre position.	deutlich und differenziert erläutern
Mettez-vous à la place d'un des personnages.	sich versetzen in die Rolle von
Prenez la **perspective** d'un des personnages.	Gesichtspunkt
Imaginez que* les personnages fassent des propositions concrètes.	sich vorstellen, dass
Imaginez ce qu'elle pense.	sich ausdenken
Commentez le jugement que porte l'auteur sur le tourisme.	kommentieren
Jugez le comportement de la fille.	beurteilen
Présentez vos idées sur le sujet.	präsentieren, vorbringen
Développez votre attitude envers le rôle de la femme en **vous appuyant sur** des textes lus en classe.	entwickeln; sich stützen auf
Que pensez-vous des dangers des jeux vidéo ?	was denken Sie über

Le dialogue :	dialogisches Sprechen
Nous allons nous entretenir sur cette information.	sich unterhalten über
Discutez pendant 10 minutes environ.	reden
Discutez **du** problème de la délinquance juvénile.	sich unterhalten über
Discutez la situation d'une femme au foyer en **vous référant au** texte.	sich beziehen auf
Parlez du rôle de la femme.	reden über
Justifiez votre réponse.	rechtfertigen
Justifiez votre **opinion**.	Meinung
Justifiez votre **point de vue**.	Standpunkt
Argumentez.	argumentieren
Pesez le pour et le contre.	das Für und Wider abwägen
Mentionnez les avantages et les inconvénients.	angeben
Partagez-vous cette opinion ?	teilen
Échangez vos idées sur la problématique suivante :	austauschen
Trouvez un compromis.	finden
Quelles **mesures** **proposeriez**-vous ?	Vorkehrungen treffen
Quelles **mesures** **prendriez**-vous ?	Vorkehrungen treffen
Mettez-vous d'accord quant au caractère du personnage.	sich einigen über
Vous entrez en conversation avec un inconnu.	ins Gespräch kommen mit

Le jeu de rôle :	Rollenspiel
Choisissez un des sujets suivants.	wählen
Avant d'**entrer en action,** présentez votre personnage.	in Aktion treten
Jouez le rôle.	spielen
Impliquez-vous dans votre rôle.	sich einbringen in
Utilisez des mimiques et des gestes.	benutzen
Engagez-vous sur la question et **réagissez aux** énonciations de votre partenaire.	sich festlegen in; reagieren auf

Liste alphabétique des mots-clés français

Liste alphabétique des mots-clés allemands